现代兵器百科图鉴系列

现代战机
大百科（图鉴版）
《深度军事》编委会 编著

（第2版）

清华大学出版社
北京

内 容 简 介

本书精心选择了第二次世界大战以来世界各国研制的百余款经典战机,包括战斗机、攻击机、轰炸机、作战支援飞机、直升机和无人机等几个大类,对每种战机的研制时间、主要构造、作战性能、制造数量、使用单位等情况都进行了简明扼要的介绍。

本书结构严谨、分析讲解透彻、图片精美丰富、版式新颖别致,不仅适合资深军事爱好者阅读和收藏,还可作为少年儿童的军事启蒙读物。

本书封面贴有清华大学出版社防伪标签,无标签者不得销售。
版权所有,侵权必究。举报:010-62782989,beiqinquan@tup.tsinghua.edu.cn。

图书在版编目(CIP)数据

现代战机大百科:图鉴版/《深度军事》编委会编著.—2版.—北京:清华大学出版社,2019(2025.1重印)
(现代兵器百科图鉴系列)
ISBN 978-7-302-52806-7

Ⅰ.①现… Ⅱ.①深… Ⅲ.①军用飞机—世界—图集 Ⅳ.①E926.3-64

中国版本图书馆CIP数据核字(2019)第077009号

责任编辑:李玉萍
封面设计:李　坤
责任校对:张彦彬
责任印制:刘海龙

出版发行:清华大学出版社
　　　　网　　址:https://www.tup.com.cn,https://www.wqxuetang.com
　　　　地　　址:北京清华大学学研大厦A座　　　邮　　编:100084
　　　　社 总 机:010-83470000　　　　　　　　邮　　购:010-62786544
　　　　投稿与读者服务:010-62776969,c-service@tup.tsinghua.edu.cn
　　　　质量反馈:010-62772015,zhiliang@tup.tsinghua.edu.cn
印 装 者:三河市君旺印务有限公司
经　　销:全国新华书店
开　　本:190mm×260mm　　　印　张:19.5　　　字　数:249千字
版　　次:2015年7月第1版　2019年8月第2版　　印　次:2025年1月第8次印刷
定　　价:89.00元

产品编号:082692-02

前言

　　1903年12月17日，人类历史上的一个伟大时刻来到了。美国的莱特兄弟利用修理自行车的技术，并在对以往的滑翔机进行了卓有成效的改进的基础上，制造了世界上第一架真正意义上的飞机——"飞行者1号"。它标志着飞行时代的到来，从此开辟了航空领域的新纪元。此后，在欧洲便出现了一股"飞机热"，很快就使飞机的各项性能都得到了大幅度提高，已达到了实用水平。不久，水上飞机、舰载飞机也相继问世。随着飞机性能的不断提高和其适用的范围迅速拓展，有人便自然地将它与战争联系到了一起。

　　1909年，美国陆军装备了世界上第一架军用飞机。1911年10月23日，意大利在和土耳其作战时，第一次使用了飞机。随后，军用飞机在德、英、法等欧洲国家得到了迅速的发展。在两次世界大战中，航空兵驾驶着各类军用飞机在天空中纵横驰骋，彻底改变了现代战争的模式。在"二战"后的一些局部战争中，制空权显得比以往任何时候都重要，而空军是争夺制空权最主要的兵种，因此，一些军事大国都在不遗余力地发展本国的空军力量。

　　随着装备技术水平和战争形态、作战样式的演变，现代空军不仅能与其他军种实施联合作战，还能独立遂行战役、战略任务，对战争的进程和结局产生重大影响，成为现代国防和高技术局部战争中一支重要的战略力量。空军所装备的各类军用飞机，也在不断更新换代，吸引着众多军事爱好者的目光。

　　2015年，我社推出了"现代兵器百科图鉴系列"图书，其中《现代战机大百科(图鉴版)》一书对二战以来世界各国制造的百余款经典战机进行了全面介绍，涵盖战斗机、攻击机、轰炸机、作战支援飞机、直升机和无人机等多个类别。每种战机都简明扼要地介绍了研制时间、主要构造、作战性能、使用单位等知识，并配有精美而丰富的鉴赏图片。由于内容全面、图文并茂、印刷精美，该书在市场上获得了不错的反响，是帮助读者了解现代战机的得力助手。

　　不过，由于军事知识更新较快，在近两年里出现了不少新式战机，而一些现役的战机也在不断发生变化。针对这种情况，我社决定在第一版的良好基础上，虚心接受读者朋友们提出的意见和建议，推出内容更新更全的第二版。与第一版相比，第二版不仅新增了数十种战机，还对第一版的过时信息进行了更新。

本书由《深度军事》编委会创作，参与本书编写的人员还有黄成、阳晓瑜、陈利华、高丽秋、龚川、何海涛、贺强、胡姝婷、黄启华、黎安芝、黎琪、黎绍文、卢刚、罗于华等。在本书的编写过程中，我们在内容上进行了去伪存真的甄别，使其更加符合客观事实；同时全书内容经过多位军事专家严格的筛选和审校，力求尽可能地准确、客观，便于读者阅读参考。由于时间和编者经验有限，书中难免有疏漏和不足之处，恳请专家和读者不吝赐教。

本书赠送的图片及其他资源均以二维码形式提供，读者可以使用手机扫描下面的二维码下载并观看。

Contents 目录

CHAPTER 01　军用飞机发展简史

　　军用飞机的演变　2
　　军用飞机的分类　5

CHAPTER 02　战斗机

　　美国 F-22 "猛禽" 战斗机　10
　　美国 F-35 "闪电Ⅱ" 战斗机　12
　　俄罗斯苏-57 战斗机　14
　　俄罗斯苏-35 "侧卫 E" 战斗机　16
　　美国 F-16 "战隼" 战斗机　18
　　美国 F/A-18 "大黄蜂" 战斗/攻击机　20
　　美国 F-14 "雄猫" 战斗机　22
　　美国 F-15 "鹰" 式战斗机　24
　　美国 F-15E "攻击鹰" 战斗轰炸机　26
　　俄罗斯苏-34 "鸭嘴兽" 战斗轰炸机　28
　　俄罗斯苏-27 "侧卫" 战斗机　30
　　俄罗斯苏-30 "侧卫 C" 战斗机　32
　　俄罗斯苏-33 "侧卫 D" 战斗机　34
　　俄罗斯米格-35 "支点 F" 战斗机　36
　　法国 "幻影 2000" 战斗机　38
　　法国 "阵风" 战斗机　40
　　瑞典 SAAB 35 "龙" 式截击机　42
　　瑞典 JAS 39 "鹰狮" 战斗机　44
　　俄罗斯米格-29 "支点" 战斗机　46
　　欧洲 "台风" 战斗机　48
　　欧洲 "狂风" 战斗机　50
　　以色列 "幼狮" 战斗机　52
　　印度 "光辉" 战斗机　54
　　日本 F-2 战斗机　56

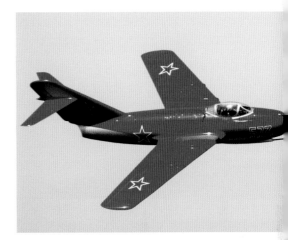

CHAPTER 03　攻击机

美国 A-10"雷电Ⅱ"攻击机　60

美国 F-117"夜鹰"攻击机　62

美国 AC-130 攻击机　64

俄罗斯苏-25"蛙足"攻击机　66

英美 AV-8B"海鹞Ⅱ"攻击机　68

英法"美洲豹"攻击机　70

法国"超军旗"攻击机　72

意大利/巴西 AMX 攻击机　74

CHAPTER 04　轰炸机

美国 B-2"幽灵"轰炸机　78

美国 B-1"枪骑兵"轰炸机　80

俄罗斯图-160"海盗旗"轰炸机　82

美国 B-52"同温层堡垒"轰炸机　84

俄罗斯图-95"熊"轰炸机　86

俄罗斯图-22M"逆火"轰炸机　88

法国"幻影Ⅳ"轰炸机　90

CHAPTER 05　作战支援飞机

美国 C-130"大力神"运输机　94

美国 C-2"灰狗"运输机　96

美国 C-5"银河"运输机　98

美国 C-17"环球霸王Ⅲ"运输机　100

美国 C-141"运输星"运输机　102

美国 V-22"鱼鹰"倾转旋翼机　104

乌克兰安-124"秃鹰"运输机　106

乌克兰安-225"哥萨克"运输机　108

俄罗斯伊尔-76"耿直"运输机　110

欧洲 A400M"阿特拉斯"运输机　112

西班牙 C-295 运输机　114

加拿大 DHC-5"水牛"运输机　116

美国 KC-135"同温层油船"空中加油机　118

美国 KC-10"延伸者"空中加油机　120

美国 KC-767/46 空中加油机　122

俄罗斯伊尔-78"大富翁"空中加油机　124

英国 VC-10K 空中加油机　126

欧洲 A310 MRTT 空中加油机　128

欧洲 A330 MRTT 空中加油机　130

美国 E-2"鹰眼"预警机　132

美国 E-3"望楼"预警机　134

美国 E-737"楔尾"预警机　136

美国 E-767 预警机　138

俄罗斯图-126"苔藓"预警机　140

俄罗斯 A-50"支柱"预警机　142

以色列"费尔康"预警机　144

以色列"海雕"预警机　146

瑞典 S-100B"百眼巨人"预警机　148

美国 E-4"守夜者"空中指挥机　150

美国 E-6"水星"通信中继机　152

美国 E-8"联合星"战场监视机　154

美国 U-2"黑寡妇"侦察机　156

美国 RC-135"铆接"侦察机　158

美国 SR-71"黑鸟"侦察机　160

美国 RF-4C"鬼怪Ⅱ"侦察机　162

俄罗斯米格-25R"狐蝠"侦察机　164

俄罗斯伊尔-20"黑鸭"侦察机　166

英国"哨兵"侦察机　168

美国 P-3"猎户座"反潜巡逻机　170

美国 P-8"波塞冬"反潜巡逻机　172

美国 S-3"维京"反潜机　174

俄罗斯别-12"海鸥"反潜巡逻机　176

俄罗斯伊尔-38"五月"反潜巡逻机　178

俄罗斯图-142"熊F"反潜巡逻机　180

英国"塘鹅"反潜机　182

英国"猎迷"反潜巡逻机　184

日本 P-1 反潜巡逻机　186

美国 EP-3"白羊座"电子战飞机　188

美国 EA-6"徘徊者"电子战飞机　190

美国 EA-18G"咆哮者"电子战飞机　192

美国 EF-111A"渡鸦"电子战飞机　194

美国EC-130H"罗盘呼叫"电子战飞机　196

CHAPTER 06　直升机

美国AH-64"阿帕奇"武装直升机　200

美国AH-1"眼镜蛇"武装直升机　202

俄罗斯卡-50"黑鲨"武装直升机　204

俄罗斯卡-52"短吻鳄"武装直升机　206

欧洲"虎"式武装直升机　208

英国AW 159"野猫"武装直升机　210

俄罗斯米-24"雌鹿"武装直升机　212

美国UH-1"伊洛魁"通用直升机　214

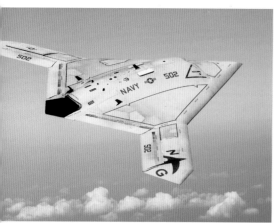

美国SH-2"海妖"通用直升机　216

美国SH-3"海王"通用直升机　218

美国AH-6"小鸟"武装直升机　220

美国CH-46"海骑士"运输直升机　222

美国CH-47"支奴干"运输直升机　224

美国CH-53"海上种马"运输直升机　226

美国OH-58"奇欧瓦"轻型直升机　228

美国UH-60"黑鹰"通用直升机　230

美国SH-60"海鹰"中型直升机　232

美国ARH-70"阿拉帕霍"武装侦察直升机　235

美国S-97"侵袭者"武装直升机　236

俄罗斯米-26"光环"通用直升机　238

俄罗斯米-28"浩劫"武装直升机　240

俄罗斯米-35"雌鹿E"武装直升机　242

俄罗斯卡-27"蜗牛"反潜直升机　244

俄罗斯卡-60"逆戟鲸"直升机　246

欧洲NH90通用直升机　248

欧洲EH 101"灰背隼"通用直升机　250

英法SA 341/342"小羚羊"武装直升机　252

英法"山猫"通用直升机　254

英法"超级山猫"通用直升机　256

法国SA 321"超黄蜂"通用直升机　258

法国SA 330"美洲豹"通用直升机　260

法国SA 532"美洲狮"通用直升机　262

法国 SA 565 "黑豹" 通用直升机　264

意大利 A129 "猫鼬" 武装直升机　266

南非 CSH-2 "石茶隼" 武装直升机　268

CHAPTER 07　无人机

美国 X-47A "飞马" 无人战斗机　272

美国 MQ-1 "捕食者" 无人攻击机　274

美国 MQ-9 "收割者" 无人机　276

美国 RQ-170 "哨兵" 无人机　278

美国 X-37B 太空无人机　280

美国 RQ-3 "暗星" 无人侦察机　282

美国 RQ-4 "全球鹰" 无人侦察机　284

美国 MQ-5 "猎人" 无人侦察机　286

美国 MQ-8 "火力侦察兵" 无人机　288

美国 "复仇者" 无人战斗机　290

俄罗斯 "鳐鱼" 无人机　292

英国 "雷神" 无人机　294

法国 "神经元" 无人机　296

德国 / 西班牙 "梭鱼" 无人机　298

奥地利 S-100 无人机　300

参考文献　302

CHAPTER

01

军用飞机发展简史

军用飞机是现代战争真正的主要武装力量，它主要可以执行空中战斗、夺取制空权、后勤支援以及侦察任务。自"二战"以来，军用飞机大量用于作战，使战争向多维度发展，对当今的战争形式产生了巨大的影响。

军用飞机的演变

飞机在第一次世界大战中初次崭露头角，在 1909 年，美国陆军就装备了第一架军用飞机，机上装有 1 台 30 马力的发动机，最大速度为 68 千米/时。同年研制出 1 架双座莱特 A 型飞机，用于训练飞行员。一战初期，军用飞机主要负责侦察、运输、校正火炮等辅助任务。当一战转入阵地战以后，交战双方的侦察机开始频繁活动起来。为了有效地阻止敌方侦察机执行任务，各国开始研制适用于空战的飞机。

世界上公认的第一种战斗机是法国的莫拉纳·索尔尼埃 L 型飞机。它由于装备了法国飞行员罗兰·加罗斯的"偏转片系统"，解决了一直以来机枪子弹被螺旋桨干扰的难题。随后，德国研制出更加先进的"射击同步协调器"并安装在"福克"战机上，使"福克"战机成为当时最强大的战斗机。"福克"战机的出现，从根本上改变了空战的方式，提高了飞机的空战能力，从此确立了战斗机武器的典型布置方式，而当时也将该战机称为"福克灾难"，从另一个方面也衬托出了新技术在战机上的重要作用。

■ "福克"战机

一战结束时，战斗机的最大飞行速度已达到 200 千米/时，升限高达 6 千米，重量接近 1000 千克，发动机功率达到 169 千瓦，大多配备 7.62 毫米的机枪。总体来说，一战中的战机虽然起到了作用，但其在实战中的作用并不明显。而在二战中，由于各项技术不断发展，战机的性能也得到了大幅度的提升，从此战机也逐渐成为战争中的主角。到二战开始时，军用飞机已经得到了很好的发展，各种不同作战用途的战机也应运而生，如攻击机、截击机、战斗轰炸机、俯冲轰炸机、鱼雷轰炸机等。由于二战期间各种舰船(包括航空母舰)得到了大范围的使用，这也使得各种舰载机出现并在各种海战中发挥重要作用。战机在二战期间性能提升迅速，当时战机的最大速度已达到700千米/时，飞行高度达11千米，重量达6000千克，所用活塞式航空发动机功率接近1470千瓦。二战末期，纳粹德国率先制造了Me 262喷气式战斗机，它的最大飞行速度高达960千米/时。虽然纳粹德国最终战败，不过这一技术却开启了战机发展上的新篇章。从此，喷气式战斗机普遍代替了活塞式战斗机，正式走上历史舞台。

■ 早期的舰载机准备在航母降落

20世纪50年代初，首次出现了喷气式战斗机空战的场面。苏联制造的米格-15"柴捆"(Fagot)和美国制造的

· 苏联生产的米-15战机 ·

F-86"佩刀"(Sabre)都采用后掠后翼布局，飞行速度都接近音速(1100千米/时)，飞行高度达15 000米。由于带加力燃烧室的涡轮喷气发动机便于改善飞机外形，战斗机的速度很快突破了音障。自20世纪60年代以后，战斗机的最大速度已超过两倍音速，配备武器已从机炮、火箭发展到了空对空导弹。

20世纪60年代中期，以苏联米格-25和美国YF-12为代表的战斗机的速度超过了三倍音速，作战高度约23000米，重量超过30吨。但是20世纪60年代后期越南战争、印巴战争和中东战争的实践表明，超音速战斗机制空战大多是在中、低空，以接近音速的速度飞行的。空战要求飞机具有良好的机动性，即转弯、加速、减速和爬升性能。其装备的武器则是机炮和导弹并重。因此，此后新设计的战斗机不再追求很高的飞行速度和高度，而是着眼于改进飞机的中、低空机动能力，完善机载电子设备、武器和火力控制系统。

■ F-14舰

到了21世纪初期,战斗机基本上都是多功能战斗机,也就是现在所说的四代机。这类战机强调作战任务的灵活性,既能同对手进行空战,又拥有强大的对地攻击能力,能以尽量少的架次完成尽量多的任务,在执行任务中能够接受临时赋予的其他任务,甚至能够先空战,然后再对地攻击。从现代空战的角度来看,未来空中战场不外乎是信息、机动和火力综合优势的较量。战机在空中的作战任务将更加全面,也更加智能。

■ 改变未来战机走向的X-47B无人

军用飞机的分类

战斗机

战斗机,又称为歼击机,二战前曾被称为驱逐机。战斗机具有火力强、速度快、机动性好等特点,其主要任务首先是与敌方战斗机进行空战,夺取空中优势(制空权);其次是拦截敌方轰炸机、攻击机和巡航导弹。此外,还可携带一定数量的对地攻击武器,执行对地攻击任务。

战斗机还包括要地防空用的截击机。但在20世纪60年代之后,由于雷达、电子设备和武器系统的完善,专用截击机的任务已由歼击机完成,截击机不再研发了。

■ F-16战斗机

攻击机

攻击机,又称为强击机,它具有良好的低空操纵性、安定性和良好的搜索地面小目标的能力,可配备品种较多的对地攻击武器。为了提高生存能力,攻击机一般在其要害部位有装甲防护。攻击机主要用于从低空、超低空突击敌方战术或浅战役纵深内的目标,直接支援地面部队作战。

■ A-10攻击机

轰炸机

轰炸机主要用于从空中对地面或水上、水下目标进行轰炸。它有装置炸弹、导弹等的专门设备和防御性的射击武器,载弹量大,飞行距离远。轰炸机具有突击力强、航程远、载弹量大等特点,是航空兵实施空中突击的主要机种。机上武器系统包括各种炸弹、航弹、空对地导弹、巡航导弹、鱼雷、航空机关炮等。

轰炸机按起飞重量、载弹量和航程的不同,可以分为轻、中、重型三类。轻型轰炸机载弹不大于5吨,航程在3000千米以下,总重量不超过20吨,目前已被战斗轰炸机和攻击机全面替代了。重型轰炸机可载弹10～30吨,航程在5000～10 000千米,总重量超过100吨,也被称为战略轰炸机。而中型轰炸机介于上述两者之间,目前在役的型号不多,由于现代攻击机已有相当高的战斗性能,因此其完全有取代中型轰炸机的能力。

■ B—2轰

作战支援飞机

作战支援飞机是为战斗机、攻击机、轰炸机等作战飞机提供各种技术支援的飞机,它包括运输机、空中加油机、侦察机、预警机、电子对抗飞机、教练机和反潜巡逻机等。

运输机是用于运输兵员、武器装备和其他军用物资的飞机;空中加油机是专门给飞行中的飞机或直升机补加燃料的飞机;侦察机是专门用于从空中获得情报的军用飞机;预警机适用于搜索、监视空中或海上目标;电子对抗飞机是实施电子侦察、电子干扰或攻击的作战飞机的总称;教练机是专门用于训练飞行人员的飞机;反潜巡逻机是主要用于海上巡逻和反潜的海军飞机。

■ C—17运输

军用直升机

军用直升机主要包括武装直升机、运输直升机、搜救直升机、侦察直升机、反潜直升机和通用直升机等。直升机的突出特点是可以做低空（离地面数米）、低速（从悬停开始）和机头方向不变的机动飞行，特别是可在小面积场地中垂直起降。这些特点使其具有广阔的用途及发展前景，在军事领域作用巨大。

军用无人机

军用无人机作为现代空中军事力量中的一员，具有无人员伤亡、使用限制少、隐蔽性好、效费比高等特点，在现代战争中的地位和作用日渐突出。军用无人机主要用于战场侦察，电子干扰，携带集束炸弹、制导导弹等武器执行攻击性任务，以及用作空中通信中继平台、核试验取样机、核爆炸及核辐射侦察机等。

军用无人机的种类繁多、用途广泛。按用途分类，军用无人机可分为侦察无人机、诱饵无人机、电子对抗无人机、通信中继无人机、无人战斗机以及靶机等。按飞行平台构型分类，军用无人机可分为固定翼无人机、旋翼无人机、无人飞艇、伞翼无人机、扑翼无人机等。按尺寸分类，军用无人机可分为微型无人机、轻型无人机、小型无人机以及大型无人机。按任务高度分类，军用无人机可以分为超低空无人机、低空无人机、中空无人机、高空无人机和超高空无人机。

■ AH-64 武装直升机

02

CHAPTER

战斗机

战斗机的主要任务是进行空战，夺取战场制空权，同时可以拦截敌方入侵的飞行器与巡航导弹。目前，战斗机的作用相当重要，它如同空中的重锤，直接对敌方进行打击，它也是目前军用飞机中技术含量最高的机种。

美国 F-22 "猛禽" 战斗机

F-22 是世界上最先服役的第五代战斗机，绰号"猛禽"(Raptor)。早在 1971 年，美国战术空军指挥部就已经提出了下一代战斗机的研发计划。1986 年，以洛克希德和波音公司为主的研制小组提出 YF-22 方案并中标。1990 年 9 月，YF-22 首次试飞。1997 年，新机正式定名为 F-22"猛禽"。2005 年，F-22 开始交付使用。

F-22 具备超音速巡航、超视距作战、高机动性和高隐形能力，据称作战能力是 F-15 战斗机的 2～4 倍。此外，在开发 F-22 期间的许多先进技术，也被沿用到了之后的 F-35 上。F-22 是当代造价最昂贵和最先进的战斗机机种之一，它配备了 AN/APG-77 主动相控阵雷达、AIM-120C/D 中程空对空导弹、AIM-9X 红外线空对空导弹、二维 F119-PW-100 推力矢量引擎、先进整合航空电子与人机界面等先进技术和装备。

F-22 整合了大量先进技术，导致它的价格居高不下。接近 2 亿美元的单机报价令美国人自己也望而却步。2011 年 12 月 13 日，最后一架 F-22 量产型下线，F-22 的生产线自此关闭，美国军队中所服役的 F-22 数量被定格在了 187 架。

■ F-22 战斗机高速飞行

CHAPTER 02 战斗机

美国 F-35 "闪电Ⅱ" 战斗机

F-35 是 F-22 的低阶辅助机种，属于具有隐身设计的第五代战斗机，绰号"闪电Ⅱ"（Lightning Ⅱ）。F-35 源于美军的联合打击战斗机计划（Joint Strike Fighter Program，JSF）。洛克希德·马丁公司的 X-35 原型机击败了波音公司的 X-32 原型机，获得竞标。F-35 于 2006 年 12 月 15 日首次试飞，2015 年 7 月开始服役。

F-35 采用与 F-22 相同的双垂尾设计，不过发动机被改为单发。F-35 虽然被定义为 F-22 的低阶辅助机种，但由于是后期研制的原因，一些设计比 F-22 战斗机更加合理，电子设备也更为先进。整体来说，F-35 战斗机的技术特点有：具有廉价耐用的隐身技术，维护成本较低；使用了先进的数据交换网络；航电设备与感应器融合，可大幅度增加飞行员的状况感知和目标识别与武器投射能力，并能快速地传输信息到其他的指挥及控制节点中。此外，F-35 还是第一款使用头盔显示器完全替代抬头显示器的战斗机。

俄罗斯苏-57战斗机

苏-57是俄罗斯联合航空制造公司旗下苏霍伊航空集团主导，在"未来战术空军战斗复合体"(PAK FA)计划下研制的第五代战斗机。2002年，苏霍伊在融合苏-47和米格-1.44两款机型的技术后，制造出了苏-57原型机。苏-57的研制计划比F-22还早两年，但由于经费紧缺，其首飞时间(2010年1月)落后了20年。

苏-57的隐身手段主要为大量使用复合材料、采用优异的气动布局和抑压发动机特征等，其雷达、光学及红外线特征都比较小。不过据称苏-57的隐身性能比美国F-22的要差，以换取比F-22更高的机动性。目前，苏-57的详细资料仍然处于保密状态，不过俄罗斯军方宣称苏-57拥有隐形性能，并具备超音速巡航的能力，且配备有主动电子扫描雷达及人工智能系统，能满足下一代空战、对地攻击及反舰作战等任务的需要。

■ 苏—57战斗机在高空飞行

■ 苏—57战斗机侧后方视角

俄罗斯苏-35"侧卫 E"战斗机

苏-35 是苏霍伊航空集团研制的单座双发、超机动多用途重型战斗机。苏-35 是苏霍伊设计局在苏-27 战斗机基础上研制的深度改进型，属于第四代半战斗机。其原型机苏-27M 于 1988 年 6 月首次试飞，正式命名为苏-35 后于 2008 年 2 月首次试飞。2014 年 2 月，苏-35S 进入俄罗斯空军正式服役。

苏-35 除了用三翼面设计带来绝佳的气动力性能外，真正的重点在航电设备，提升自动化、计算机化、人性化、指管通信能力等，与同时期西方开发中的新时代战机的航电设计理念相同。该机大幅提升航空电子性能的结果是重量增加，必须有其他改良才能避免机动性、加速性、航程的下降。因此该机除了以前翼提升操控性外，还装备了更大推力的发动机，主翼与垂尾内的油箱也予以增大。整体来说，苏-35 在机动性、加速性、结构效能、航电性能各方面全面优于苏-27S，而不像其他改型般有取有舍。

CHAPTER 02 战斗机

美国 F-16 "战隼" 战斗机

F-16 是通用动力公司研制的一款喷气式战斗机,绰号"战隼"(Fighting Falcon)。20 世纪 70 年代,美国空军开始发展轻型战斗机计划(LWF),从而与难以大规模生产的 F-15 形成高低搭配。通用动力公司研制的 F-16 战斗机于 1974 年 2 月首次试飞,1978 年开始服役。1992 年 12 月,通用动力公司宣布将 F-16 战斗机的生产线卖给洛克希德·马丁公司。

F-16 为单发发动机的多重任务战术飞机,机身采用半硬壳式结构,外形短粗。机翼为悬臂式中单翼,与机身采用翼身融合体形连接,平面几何形状为切角三角形。起落架为前三点式,可收放到机身内部。F-16 强调在视距内进行缠斗,首次采用了线传飞控、倾斜座椅和侧置操纵杆等技术,它是美国第一种有能力进行 9G 过载机动的战斗机。F-16 安装有 1 门 20 毫米 M61 机炮,可发射多种空对地导弹、空对舰导弹和空对空导弹。

■ 高速飞行的 F-16 战斗机

·F—16战斗机在高空飞行·

·F—16战斗机左侧视角·

■ 满载武器的F—16战斗机

美国 F/A-18 "大黄蜂"战斗 /

F/A-18 是诺斯洛普和麦道公司研发的一款战斗／攻击机，绰号"大黄蜂"(Hornet)。诺斯洛普与麦道公司最初计划开发战斗机版 F-18 与攻击机版 A-18 两种型号，最后二合一变成"空／地双用"的 F/A-18 战斗／攻击机。F/A-18 于 1978 年 11 月首次试飞，1983 年正式服役。

F/A-18 采用双发动机和双垂直尾翼的外形结构，为让飞行员能顺利地独自执行各类任务，F/A-18 导入了先进的数码化概念与玻璃座舱。该机还非常重视后勤维护方面的便利性，其维修和维护都降低了人工成本。F/A-18 的前四个机型都为 9 个挂载点，其中翼端 2 个、翼下 4 个、机腹 3 个，外挂载荷最高可达 6215 千克。新型的 F/A-18E/F "超级大黄蜂"的武器挂点有所增加，不但能携带更多的武器，而且可外挂多达 5 个副油箱，并具备空中加油能力。

·俯冲中的 F/A-18 战斗／攻击机·

攻击机

• F/A-18 战斗/攻击机左侧视角 •

• 满载武器的 F/A-18 战斗/攻击机 •

■ F/A-18 战斗/攻击机编队作战

美国 F-14 "雄猫" 战斗机

F-14 是美国格鲁曼公司研制的一款舰载战斗机，绰号"雄猫"(Tomcat)。F-14 首架原型机于 1970 年 12 月 21 日试飞，1974 年正式加入美国海军服役，主要用于替换性能逐渐落伍的 F-4 "鬼怪Ⅱ" 战斗机。2006 年 9 月，已在美国海军服役 32 年的 F-14 正式退役。

与同时代的战斗机相比，F-14 的综合飞行控制系统、电子反制系统和雷达系统等都非常优秀。其装备的 AN/AWG-9 远程火控雷达系统功率高达 10 千瓦，可在 120～140 千米的距离内锁定敌机。该机还装备了当时独有的数据链，可将雷达探测到的数据与其他 F-14 战斗机分享，其雷达画面能显示其他 F-14 战斗机探测到的目标。F-14 战斗机装备 1 门 20 毫米 M61 机炮，还可发射 AIM-54 "不死鸟"、AIM-7 "麻雀" 和 AIM-9 "响尾蛇" 等空对空导弹，以及各类炸弹。

• F-14 战斗机在高空飞行 •

·F-14战斗机侧面视角·

·F-14战斗机后方视角·

美国 F-15 "鹰" 式战斗机

F-15 是美国麦道公司研发的一款全天候战斗机,绰号"鹰"(Eagle)。1962 年,美军展开 F-X(Fighter-Experimental) 计划,并于 1966 年 4 月开始招标。1969 年,麦道公司赢得竞标。1972 年 7 月,单座型 F-15A 进行首次试飞,翌年 7 月双座型 F-15B 首次试飞。1974 年 11 月,首架 F-15 生产型交付使用。

F-15 气动布局出色,机翼负荷较低,并具备较高的推重比,武器和飞行控制系统采用了先进的自动化设计。F-15 安装有 1 门 20 毫米 M61A1 机炮。该机共有 11 个武器挂架,其中机翼 6 个,机身 5 个。其总外挂可达 7300 千克,可使用 AIM-7"麻雀"、AIM-9"响尾蛇"和 AIM-120"监狱"等空对空导弹,以及 GBU-28 重磅炸弹在内的多种对地武器。

■ F-15 战斗机在高空飞行

· F-15 战斗机右侧视角 ·

· F-15 战斗机正前方视角 ·

F-15战斗机俯视图。

美国 F-15E "攻击鹰" 战斗

F-15E 是麦道公司在 F-15 "鹰"式战斗机的基础上改进而来的双座超音速战斗轰炸机，绰号"攻击鹰"。F-15E 于 1986 年 12 月首飞，第一架生产型则在 1988 年 4 月交付美军使用。另外，F-15E 的衍生型包括以色列的 F-15I、韩国的 F-15K 等。美国空军准备以 F-22 "猛禽"战斗机取代 F-15C/D，但尚无预定取代 F-15E 的机型。F-15E 较新，并且被评估有两倍的机体寿命。

F-15E 兼具对地攻击和空中作战能力。该机在外形上与 F-15D 基本相同，但重新设计了发动机舱以及部分结构，使航程增加了 33%，武器挂架增加了多个，除原挂架外，在每个保形油箱边还有 6 个挂架。该机采用了具有自动地形跟踪能力三余度的数字式电传操纵系统和先进的电子座舱显示系统。

■ F-15E 战斗轰炸机在高空飞行

■ F-15E 战斗轰炸机准备起飞

轰炸机

·F-15E战斗轰炸机仰视图·   ·F-15E战斗轰炸机俯冲向下·

俄罗斯苏-34"鸭嘴兽"战斗

苏-34是苏霍伊设计局研制的一款双发重型战斗轰炸机，绰号"鸭嘴兽"。苏-34由苏-27重型战斗机改进而成，其最初型号为代号苏-27IB的试验机，试验机于1990年4月首飞，预生产型于1993年12月首飞。但由于经费原因，原本2002年全面列装的计划不得不推迟，直到2007年7月俄罗斯国防部才宣布正式接收苏-34。

苏-34的最大特征是其扁平的机头，由于采用了并列双座的设计，使得机头增大，为了减小体积而被设计为扁平。苏-34采用了许多先进的装备，包括装甲座舱、液晶显示器、新型数据链、新型火控计算机、后视雷达等。为了适应轰炸任务，该机在座舱外加装了厚达17毫米的钛合金装甲。苏-34多达12个外挂点，可挂载大量导弹、炸弹和各类荚舱，具备多任务能力。此外，该机还加强了起落架的负载能力，其双轮起落架使其具备在前线野战机场降落的能力，大大增强了作战灵活性。

■ 苏-34战斗轰炸机在高空飞行

· 苏-34战斗轰炸机仰视图 ·

轰炸机

■ 高速飞行的苏-34战斗轰炸机

■ 苏-34战斗轰炸机侧后方视角

俄罗斯苏-27"侧卫"战斗机

苏-27是在苏联时期由苏霍伊设计局研发的单座双发全天候重型战斗机。在20世纪60年代，美国相继发展了F-15重型战斗机和F-16轻型战斗机。作为回应，苏联从1969年开始发展未来前线战斗机计划(PFI)。参与该项目竞标的有雅克列夫设计局的雅克-45、米高扬设计局的米格-29以及苏霍伊设计局的T-10(苏-27的原型机)。最后，米格-29和T-10胜出。前者用以对抗F-16，后者用以对抗F-15。

苏-27机动性和敏捷性很好，续航时间长，可以进行超视距作战。但其机载电子设备和座舱显示设备较为落后，且不具隐身能力。苏-27的基本设计与米格-29相似，不过个头要比后者大很多。苏-27的机身为全金属半硬壳式，机头略向下垂。为了最大化地减轻重量，它采用了约30%的钛合金，这个比例高于同期所有飞机，但苏-27没有采用复合材料。

·苏-27战斗机起飞·

·苏-27战斗机右侧视角·

·苏-27战斗机表演特技动作·

■ 苏-27战斗机在高空飞行

俄罗斯苏-30"侧卫C"战斗机

苏-30是苏霍伊设计局研制的一款多用途重型战斗机,绰号"侧卫C"。1986年,苏霍伊设计局展开苏-27PU长程拦截研发方案,试验机于1987年7月6日首飞。1991年,苏-27PU获得新的编号——苏-30。1992年,第一架生产型苏-30完成首飞,1996年开始服役。

苏-30采用双发双座设计,外形与苏-27非常相似。苏-30的油箱容量较大,具有长航程特性,而且还具备空中加油能力。该机具有超低空持续飞行能力、极强的防护能力和出色的隐身性能,在缺乏地面指挥系统信息时仍可独立完成歼击与攻击任务,其中包括在敌方纵深执行战斗任务。该机能够承担全范围的战术打击任务,包括夺取空中优势、防空作战、空中巡逻及护航、压制敌方防空系统、空中拦截、近距空中支援,以及对海攻击等。此外,苏-30还具备空中早期预警、指挥和调控己方机群进行联合空中攻击的能力。

■ 在低空飞行的苏-30战斗机

· 苏-30战斗机在高空飞行 ·

· 苏-30战斗机仰视图 ·

· 苏-30战斗机释放干扰弹 ·

CHAPTER 02 战斗机 33

俄罗斯苏-33"侧卫 D"战斗机

苏-33 是苏霍伊设计局在苏-27 的基础上研制的一款单座双发多用途舰载机。苏-33 战斗机是从苏-27 战斗机衍生而来的舰载机型号，1987 年 8 月 17 日首次试飞，其北约代号也延续自苏-27，被称为"侧卫 D"或"海侧卫"。该机目前主要部署于俄罗斯海军唯一的现役航空母舰"库兹涅佐夫"号上。

苏-33 的机身结构与苏-27 基本相同，都是由前机身、中央翼和后机身组成。该机增大了主翼面积，且为满足舰载机采用拦阻方式着舰时所需要承受的 5G 纵向过载，对机身主要承力结构进行了大幅度的加强。前起落架支柱直接与机身主承力结构连接，加强了前起落架的结构强度，并且改用了双前轮。主起落架直接连接在机身侧面的尾梁上，通过加强的结构和液压减震系统，使主起落架可以承受在舰上拦阻着陆时 6～7 米/秒的下降率。为了避免飞离甲板的瞬间机身过重而翻覆，起飞时不能满载弹药和油料，这成为苏-33 战斗机的致命缺陷。

·机翼折叠后的苏—33战斗机·

俄罗斯米格-35"支点F"战斗机

米格-35是米高扬设计局研制的一款多用途喷气式战斗机。米格-35于2007年首次试飞。在印度的130架军机采购案中,米格-35一度入选,但2011年印度宣布将采购欧洲战机,这导致米格-35的批量生产计划一度被取消。2013年5月,俄罗斯宣布采购最少24架米格-35战斗机。

米格-35战斗机的作用是在不进入敌方的反导弹区域时,对敌方的地上和水上高精准武器进行有效打击。该机机舱内不仅配备了"智能化座舱",还配有液晶多功能显示屏。米格-35还装备了全新的相控阵雷达,其火控系统中还整合了经过改进的光学定位系统,可在关闭机载雷达的情况下对空中目标实施远距离探测。米格-35配备了1门30毫米机炮,用于携带导弹和各型航弹的外挂点为9个,总载弹量为6吨。

·满载武器的米格-35战斗机·

·米格-35战斗机表演特技动作

·在低空飞行的米格-35战斗机∨

·米格-35战斗机在高空飞行·

法国"幻影2000"战斗机

"幻影2000"（Mirage 2000）是法国达索公司研制的一款多用途战斗机。"幻影2000"于20世纪70年代中期开始研制，第一架原型机于1978年3月首次试飞，生产型飞机于1983年开始交付军队使用，1984年开始在法国空军服役。除法国外，该机还先后被埃及、希腊、印度、秘鲁、卡塔尔和阿拉伯联合酋长国采用。

"幻影2000"重新启用了"幻影Ⅲ"的无尾三角翼气动布局，以发挥三角翼超音速阻力小、结构重量轻、刚性好、大迎角时的抖振小和内部空间大以及贮油多的优点。而且在新技术发展的条件下，该机解决了无尾布局的一些局限。该机主要措施为采用了电传操纵、放宽静稳定度、复合材料等先进技术，弥补了该布局的局限。进气道旁靠近机翼前缘处有小边条，边条有明显的上反角。该机共有9个武器外挂点，其中5个在机身下，4个在机翼下，各单座型号还装有2门德发公司的30毫米机炮。

· "幻影2000"战斗机左侧视角 ·

■ "幻影2000"战斗机起飞

法国"阵风"战斗机

"阵风"(Rafale)是法国达索公司研制的一款第四代半战斗机。1986年7月,"阵风"原型机首次试飞。2000年12月4日,"阵风"正式服役。法国军队原计划采购292架"阵风",其中空军232架,海军60架,但因各种原因最终缩小了采购规模。

"阵风"战斗机采用"复合后掠"三角翼及先天不稳定气动布局,有较大的高位活动鸭式前翼和单垂尾,机身为半硬壳式,前部分主要使用铝合金制作而成,后部分则大量使用了碳纤维复合材料。该机进气道位于下机身两侧,这种设计可有效地改善进入发动机进气道的气流,从而提高大迎角时的进气效率。座舱内有多种显示设备,包括1个广角抬头显示器、2个低头彩色平板多功能显示器和1个显示基本战术资料的显示器。起落架为前三点式,可收放在机体内部。

• "阵风"战斗机在高空飞行 •

• 法国海军使用的"阵风"M型舰载机 •

·满载武器的"阵风"战斗机·

·法国空军使用的"阵风"单座战斗机·

瑞典 SAAB 35 "龙"式截击机

SAAB 35 "龙"(Draken)是萨博公司研制的一款多用途超音速战机。SAAB 35 于 1951 年开始设计，1955 年 10 月原型机首次试飞，预生产型于 1958 年 2 月试飞。SAAB 35 是 20 世纪 60 年代瑞典空军的主力战机，其机型包括：A、B、D、F 型，具有对地攻击能力的截击机；C 型，双座教练机；E 型，战术侦察机；XD 型，向丹麦出口的攻击/侦察机；XS 型，向芬兰出口的截击机。

SAAB 35 采用特殊的无尾、双三角翼翼身融合体布局，三角形的发动机进气口布置在翼根部，采用大后掠垂直尾翼，并在其前方设有一个小型三角形天线，有利于避免失速。第一种生产型 SAAB 35 安装了 2 门 30 毫米机炮，可以携带"响尾蛇"空对空导弹进行空战。

■ SAAB 35 截击机在高空飞行

■ SAAB 35 截击机向高空爬升

■ 高速飞行的 SAAB 35 战击机

瑞典 JAS 39 "鹰狮"战斗机

JAS 39 "鹰狮"(Gripen) 是瑞典萨博公司研制的单座全天候战斗机。JAS 39 的研发历史最早可以追溯到 1980 年，当时它作为 SAAB 37 的后继机型开始研发。1988 年 12 月 9 日，JAS 39 试验机完成首飞，之后因操控系统缺陷导致生产计划延迟。20 世纪 90 年代后期，JAS 39 正式服役。

JAS 39 采用鸭式翼（前翼）与三角翼组合而成的近距耦合鸭式布局，机身广泛采用复合材料。机翼和前翼的前缘后掠角分别为 45 度和 43 度，优秀的气动性能使其能在所有飞行高度上实现超音速飞行，并具备较强的短距起降能力。该机的座舱盖为水滴状，单片式曲面风挡玻璃。座椅向后倾斜 28 度，类似美制 F-16 的座椅。JAS 39 可使用的武器除固定的 27 毫米机炮外，机身 7 个外挂点还可以挂载 AIM-9 导弹、Rb-47 导弹、"魔术"导弹和 AIM-120 导弹等各种机载武器。

"鹰狮"战斗机左侧视角

"鹰狮"战斗机在高空飞行

满载武器的"鹰狮"战斗机

■ "鹰狮"战斗机编队飞行

俄罗斯米格-29"支点"战斗机

米格-29是米高扬设计局研制的一款双发高性能制空战斗机。1969年，苏联开始发展未来前线战斗机计划(PFI)。1971年，这个计划被一分为二，即"重型先进战术战斗机(TPFI)""轻型先进战术战斗机(LPFI)"。前者由苏霍伊设计局负责，后者则由米高扬设计局负责，最终促成了苏-27和米格-29的问世。

米格-29的整体气动布局为静不安定式，低翼面载荷，高推重比，精心设计的翼身融合体是其气动设计上的最大特色。米格-29未使用线传飞控系统，而是采用液压控制与SAU-451三轴自动飞行仪。为了方便飞行员进行机种转换，米格-29的驾驶舱没有大量采用人体工学设计，而是尽可能使其类似于之前的米格-23。与以往的苏制战机相比，米格-29的驾驶舱视野有所改善，但仍然不及同时期的西方战斗机。

·米格-29战斗机在高空飞行·

欧洲"台风"战斗机

"台风"(Typhoon,又常被称为 EF-2000)是欧洲战机公司研制的一款双发多功能战斗机。1983 年,英国、法国、德国、意大利和西班牙五国开始了"未来欧洲战机"计划。因意见不合,法国转而发展自己的"阵风"战斗机。1994 年,"台风"第一架原型机试飞。2003 年,"台风"战斗机正式开始服役。

"台风"战斗机是世界上少数可以在不开后燃烧器的情况下超音速巡航的量产战斗机,其采用的两台 Eurojet EJ 200 涡扇发动机非常优秀,单台推力可达 60 千牛。"台风"是集便于组装、隐身性、高效能和先进航空电子于一体的多功能战机,除空战能力强之外,还拥有不错的对地作战能力,可使用各种精确对地武器。与其他同级战机相比,该机也更具智能化,可有效降低飞行员的工作量,提高作战效能。

■ "台风"战斗机在高空机动

·"台风"战斗机在高空飞行·

·"台风"战斗机右侧视角·

■ "台风"战斗机编队飞行

欧洲"狂风"战斗机

"狂风"(Tornado)是由德国、英国和意大利联合研制的一款双发战斗机。"狂风"战斗机于1970年开始研制,1974年8月首飞,1974年9月被命名为"狂风"战斗机。研制"狂风"战斗机的帕那维亚公司由德国梅塞施密特、英国航宇和意大利阿兰尼亚三家公司组成。

"狂风"战斗机采用串列式双座、可变后掠悬臂式上单翼设计。后机身内并排安装两台涡轮风扇发动机,进气道位于翼下机身两侧。在后机身上部两侧各装有一块减速板,可在高速飞行中使用。该机座舱两个座位为前后串列式布置,均采用马丁·贝克MK.10A弹射座椅。"狂风"战斗机有多个型号,其武器也各不相同。以"狂风"IDS GR.4型为例,其武装除了1门27毫米毛瑟BK-27机炮外,机身和机翼下的7个挂架可挂载各种导弹、炸弹和火箭弹等。

·德国空军装备的"狂风"战斗机·

·"狂风"战斗机准备起飞·

·"狂风"战斗机侧后方视角·

• "狂风"战斗机在高空飞行 •

以色列"幼狮"战斗机

"幼狮"(Kfir)是以色列航太工业有限公司研制的单座单发战斗机。20世纪60年代末,法国为保持中立,对以色列实行禁运。由于以色列空军得不到新飞机的补充,以色列决定依靠自己的力量制造"幻影"飞机的零部件,并以此为基础研制了新的"幼狮"战斗机。该机于1973年首次试飞,1976年开始服役。

"幼狮"战斗机的机身采用全金属半硬壳结构,前机身横截面的底部比"幻影V"更宽更平。机头锥使用以色列国产的复合材料制成。"幼狮"C2型在机头锥靠近尖端的两侧各装有一小块水平边条,这个边条可以有效地改善偏航时的机动性能和大迎角时机头上的气流。前机身下的前轮舱的前方装有超高频天线。在"幼狮"C2型的后期生产批次中,改用了性能更加先进的EL/M-2001B雷达,因此机头加长,前翼也加大,主翼前襟翼的翼展增加40%。"幼狮"C7是该系列最后一种单座型号,生产时均使用"幼狮"C2型进行改装。

· "幼狮"战斗机准备起飞 ·   · "幼狮"战斗机在低空飞行 ·

印度"光辉"战斗机

"光辉"(Tejas)是印度斯坦航空公司研发的轻型战斗机。1983年,印度"轻型作战飞机"项目正式上马,受国力及航空科技水平的限制,其研制工作进展缓慢。直至2001年1月4日首架试验机升空,印度已耗资6.75亿美元。2015年1月,"光辉"战斗机开始服役。

"光辉"战斗机采用了大量先进的复合材料,不但有效地降低了飞机的自重和成本,而且加强了飞机在近距离缠斗中对高过载的承受能力。机体复合材料、机载电子设备以及相应软件都具有抗雷击能力,这使得"光辉"战斗机能够实施全天候作战。此外,该机还具备一定的隐身性能。虽然"光辉"的外形并没有采用隐身设计,但由于"光辉"机体极小,且大量采用复合材料,进气道的Y形设计遮挡住涡轮叶片的因素使得"光辉"拥有了所谓的"隐身性能"。值得一提的是,"光辉"战斗机配有空中受油装置,在一定程度上提高了续航力。

· "光辉"战斗机在高空飞行 ·

· 满载武器的"光辉

■ "光辉"战斗机左侧视角

日本 F-2 战斗机

F-2 战斗机是日本航空自卫队现役的主要战斗机种之一，有"平成零战"之称。1987 年 11 月，日本和美国签订协议，由日本政府出资，以美国 F-16 战斗机为样本，共同研制一种适用于日本国土防空的新型战斗机。最初这种飞机被称为 FS-X，后来正式定名为 F-2 战斗机。1995 年 10 月，首批 4 架原型机开始试飞。F-2 战斗机原本计划于 1999 年服役，但因试飞期间机翼出现断裂事故而推迟到 2000 年。

·F-2 战斗机左侧视角·

F-2 战斗机的动力设计、外形和武器等方面都吸取了美国 F-16C/D 战斗机的不少优点，但为了突出日本国土防空的特点，该机又进行了多处改进：加长了机身，重新设计了雷达罩，集成了先进的电子设备，加长了座舱，增加了机翼面积，加装了阻力伞等。F-2 战斗机最初的主要任务为对地与反舰等航空支援任务，因此航空自卫队将其划为支援战斗机。后期换装 J/APG-2 相控阵雷达之后，F-2 战斗机凭借先进的电子战系统和雷达，在空对空作战中也有不错的表现。

·F-2战斗机前方视角·

·F-2战斗机准备起飞·

·F-2战斗机在高空飞行·

03

CHAPTER

攻击机

攻击机主要用于从低空、超低空突击敌方战术或浅战役纵深内的目标,直接支援地面部队作战。攻击机具有良好的低空操纵性、安定性和良好的搜索地面小目标的能力,可配备品种较多的对地攻击武器。不过,随着地面防空能力的提升以及战斗机精确打击能力的提升,现在攻击机的作用已经越来越弱了。

美国 A-10 "雷电Ⅱ" 攻击机

A-10 是费尔柴德公司研制的双发单座攻击机，绰号"雷电Ⅱ"（Thunderbolt Ⅱ）。A-10 源于 1966 年 9 月美国空军正式展开的攻击机试验计划。A-10 于 1972 年 5 月首次试飞，1975 年开始装备美国空军。"雷电Ⅱ"的绰号来自于二战时期表现出色的 P-47 "雷电"攻击机。A-10 攻击机有多个型号，主要用户为美国空军，在经过升级和改进之后，预计一部分 A-10 攻击机将会使用至 2028 年。

A-10 作为一款近距攻击机，并不需要很高的飞行速度，较低的速度能够使其获得更高的命中率。该机采用的是无后掠角的平直下单翼，机身的装甲防护极强，机头的澡盆形座舱由 38 毫米防弹钢制成，在机腹上也有 50 毫米厚的装甲，全机重达 550 千克的装甲防护使其能够抵抗 23 毫米机炮的打击。

■ A-10 攻击机正在发射导弹

A-10 攻击机俯视图

A-10攻击机在高空飞行

满载武器的A-10攻击机

美国 F-117 "夜鹰" 攻击机

F-117 是洛克希德公司研制的隐身攻击机,绰号"夜鹰"(Nighthawk)。F-117 的设计始于 20 世纪 70 年代末,于 1981 年 6 月 15 日试飞成功,次年 8 月 23 日开始向美国空军交付。1988 年 11 月 10 日,美国空军首次公布了该机的照片。2008 年,F-117 退出现役。

F-117 由两台通用电气 F404 无后燃器型涡轮扇发动机提供动力。为了达到隐形的目的,F-117 牺牲了 30% 的引擎效率,并采用了一对高展弦比的机翼。由于需要向两侧折射雷达波,F-117 还采用了很高的后掠角的后掠翼。为了降低电磁波的发散和雷达截面积,F-117 并没有配备雷达。在理论上,F-117 几乎能携带美国空军军械库内的任何武器,包含 B-61 核弹,只有少数的炸弹因为体积太大,或与 F-117 的系统不相容而无法携带。

F-117 攻击机在高寒地区飞行

·停放在跑道上的F-117攻击机·

·F-117攻击机编队飞行·

F-117攻击机在高空飞行

美国 AC-130 攻击机

AC-130 攻击机是美军有史以来最成功的空中炮艇，至今仍在服役。AC-130 攻击机于 1966 年首飞，1968 年开始服役。迄今为止，AC-130 攻击机共出现过 4 种不同的版本，分别是洛克希德负责改装的 AC-130A/E/H 3 种机型，以及洛克威尔操刀的最新版本——AC-130U "幽灵"(Spooky) 攻击机。

· AC-130 攻击机右侧视角 ·

AC-130 攻击机配有各种型号口径不同的机炮，乃至于后期机种所搭载的博福斯炮或榴弹炮等重型火炮，对于零星分布于地面、缺乏空中火力保护的部队有致命性的打击能力。最新的 AC-130U 攻击机使用 4 台艾里逊 T56-A-15 发动机，武装包含了 1 门侧向的博福斯 40 毫米 L/60 速射炮与 1 门 M102 型 105 毫米榴弹炮。原本在 AC-130H 攻击机上的 2 门 M61 机炮被 1 门 25 毫米 GAU-12 机炮所取代，拥有 3000 发弹药，射程超过 3657 米。

·AC-130攻击机释放干扰弹·

·AC-130攻击机的机炮特写·

·AC-130攻击机仰视图·

俄罗斯苏-25"蛙足"攻击机

苏-25"蛙足"攻击机是苏霍伊设计局研制的一款双发单座亚音速攻击机，主要执行密接支援任务。1975年2月，苏-25攻击机的原型机首次试飞。1978年，苏-25攻击机开始批量生产，但直到1981年才形成全面作战能力。该机曾是苏军的主力攻击机，也在苏联解体后的独联体国家持续服役，并有若干外销版本。

苏-25攻击机的机翼为悬臂式上单翼，三梁结构，采用大展弦比、梯形直机翼，机翼前缘有20度左右的后掠角。机身为全金属半硬壳式结构，机身短粗，座舱底部及四周有24毫米厚的钛合金防弹板。机头左侧是空速管，右侧是为火控计算机提供数据的传感器。起落架可收放前三点式。苏-25攻击机能在靠近前线的简易机场上起降，执行近距战斗支援任务。该机装有1门30毫米双管机炮，机翼下总共有8个挂架，可携带4400千克空对地导弹和炸弹。

• 苏-25攻击机在降落时释放减速伞 •

• 苏-25攻击机在高空飞行 •

·苏-25攻击机右侧视角·

·苏-25攻击机降落·

英美 AV-8B"海鹞Ⅱ"攻击机

AV-8B 是麦道公司生产的一款短距/垂直起降攻击机,绰号为"海鹞Ⅱ"。AV-8B 的原始设计源于英国"鹞Ⅱ"攻击机,在美国生产的编号为 AV-8A,1978 年 11 月 9 日首次试飞。有鉴于 AV-8A 攻击机的性能不完全满足美国海军陆战队的需要,尤其是在载弹量上面。因此,负责生产的麦道公司加以改良,将 AV-8A 攻击机改进为 AV-8B 攻击机。

AV-8B 攻击机在减重上下了很大的功夫,其中采用的复合材料主翼是主要改善项目之一。AV-8B 的机身前段也使用了大量的复合材料,估计减掉了大约 68 千克的重量。该机其他采用复合材料的部分包括升力提升装置、水平尾翼、尾舵,只有垂直尾翼、主翼与水平尾翼的前缘及翼端、机身中段及后段等处使用金属材质。AV-8B 的超临界主翼比 AV-8A 的主翼厚,同时翼展增加了 20%,后掠角减小了 10%,面积增加了 14.5%,每边也各增加一个挂架,导致 AV-8B 的飞行速度逊于 AV-8A,但是在升力上的表现却比 AV-8A 优异。

·美国海军航空母舰上的AV-8B攻击机·

·AV-8B攻击机正前方视角·

·AV-8B攻击机仰视图·

■ AV-8B攻击机右侧视角

英法"美洲豹"攻击机

"美洲豹"(Jaguar)是英国和法国联合研制的双发多用途战斗机。1968年9月,首架原型机"美洲豹"A型在法国试飞成功,"美洲豹"B型则于1971年8月试飞成功,同年首架批量生产型也试飞成功。该机于1973年6月交付英国空军,1975年5月交付法国空军。除英国和法国外,"美洲豹"的用户还包括印度、阿曼、尼日利亚和厄瓜多尔等。

虽然"美洲豹"是由英法两国合作研发的,但两国的攻击机在许多规格与装备采用上却不尽相同,如英国版使用两台劳斯莱斯RT172发动机,每台推力为32.47千牛。法国版使用2台Adour102发动机,单台推力为32.49千牛。两种版本都装有30毫米机炮,并可挂载4536千克导弹或炸弹等武器。

■ "美洲豹"攻击机侧前方视角

"美洲豹"攻击机在高空飞行

法国空军装备的"美洲豹"攻击机

法国"超军旗"攻击机

■ "超军旗"攻击机左侧视角

"超军旗"(Super Étendard)是由法国达索公司研制的一款舰载攻击机。"超军旗"攻击机源于它的前身"军旗Ⅳ"攻击机,由于一些问题而延缓了研发进度,直到1974年10月才进行原型机的首次试飞。1978年6月,"超军旗"攻击机开始服役。该机共生产了85架,2016年7月全部从法国海军退役。除法国外,阿根廷和伊拉克等国也曾使用该机。

"超军旗"攻击机采用45度后掠角中单翼设计,翼尖可以折起,机身呈蜂腰状,立尾面积较大,后掠式平尾装在立尾中部。该机装有2门30毫米的"德发"机炮,机身挂架可挂250千克炸弹,翼下4个挂架每个可携400千克炸弹,右侧机翼可挂1枚AM-39"飞鱼"空对舰导弹,还可挂R550"魔术"空对空导弹或火箭弹等武器。该机的动力装置为1台非加力型8K-50发动机,额定推力49千牛。

·"超军旗"攻击机准备降落·　　　　　　　　·"超军旗"攻击机离舰起飞·

意大利/巴西 AMX 攻击机

■AMX 攻击机在高空飞行

　　AMX 攻击机是意大利和巴西联合研制的一款单发单座轻型攻击机，能够执行战场遮断、近距空中支援和侦察任务。1984年5月15日，AMX 攻击机的第一架原型机首次试飞。1989年5月11日，意大利空军接收了第一架 AMX 攻击机。

　　AMX 攻击机采用常规布局，有一对前缘后掠角27.5度的后掠矩形上单翼和后掠平尾。机翼配备了全翼展前缘襟翼，副翼内侧是面积很大的双缝富勒襟翼，机翼上表面还配备了两块扰流板，可作为气动刹车使用。该机的一大特点就是全机的高冗余度：电气、液压和电子设备几乎都采用双重体制。除了垂尾和升降舵是复合材料外，AMX 攻击机绝大部分结构材料采用普通航空铝合金。该机具备高亚音速飞行和在高海拔地区执行任务的能力，设计时还考虑了隐身性。

· AMX 攻击机右侧视角 ·

·AMX 攻击机仰视图·

CHAPTER 04

轰炸机

轰炸机具有突击力强、航程远、载弹量大等特点，曾在二战期间发挥了巨大的作用，比如轰炸战略要地。现在轰炸机上的武器系统包括各种炸弹、航弹、空对地导弹、巡航导弹、鱼雷、航空机关炮等。机上的火控系统可以保证轰炸机具有全天候轰炸的能力和很高的命中精度。现在轰炸机更多起到的是战略威慑作用，或者在对方防空能力不足的情况下执行战术轰炸任务。

美国 B-2"幽灵"轰炸机

B-2 是目前世界上唯一的隐身战略轰炸机,绰号"幽灵"(Spirit)。1989 年 7 月,B-2 原型机首飞,之后又经历了军方进行的多次试飞和严格检验,生产厂家还不断地根据空军所提出的种种意见进行修改。1997 年,B-2 正式服役。因造价太过昂贵和保养维修复杂等原因,B-2 至今一共只生产了 21 架。

由于采用了先进奇特的外形结构,B-2 的可探测性极低,使其能够在较危险的区域飞行,并执行战略轰炸任务。该机航程超过 1 万千米,而且安装了空中受油装置,具备空中加油能力,大大增强了作战半径。该机每次执行任务的空中飞行时间一般不少于 10 小时。美国空军称其具有"全球到达"和"全球摧毁"的能力,可在接到命令后数小时内由美国本土起飞,攻击全球大部分地区的目标。

B-2 轰炸机在高空飞行

·跑道上的B-2轰炸机·

·B-2轰炸机起飞·

·B-2轰炸机右侧视角·

美国 B-1 "枪骑兵" 轰炸机

B-1 是北美飞机公司研制的一款超音速轰炸机，绰号"枪骑兵"(Lancer)。1974 年 12 月 23 日，B-1A 原型机首飞，后由于造价高昂遭到卡特总统取消。1981 年，里根总统上台后，美军恢复订购。新的 B-1B 轰炸机于 1983 年 3 月首飞，1985 年正式量产。截至 2019 年初，仍有 60 架以上的 B-1B 在美国空军服役。

B-1 机体的最大特点是采用了可变后掠翼布局、翼身融合体技术。其机身两侧安装了活动前翼，略带后掠角，无副翼，横向操纵完全靠机翼上的扰流片和全动平尾的差动来实现。机身和机翼之间没有明显的交接线，极大地减小了阻力，并增加了升力。该机起飞时，变后掠翼处在最小后掠角位置，以获得最大升力；高速飞行时，收回到大后掠角的状态，以减小阻力，提高飞行速度。B-1 轰炸机有 6 个外挂点，可携挂 27 000 千克炸弹；3 个内置弹舱，可携挂 34 000 千克炸弹。

■ B-1轰炸机在高空飞行

俄罗斯图-160 "海盗旗"

图-160是苏联图波列夫设计局(现俄罗斯联合航空制造集团)研发的一款长程战略轰炸机，北约代号"海盗旗"(Blackjack)。20世纪70年代初，图-22M"逆火"轰炸机首次试飞成功后，图-160的研制计划便开始了。图-160的原型机于1981年12月19日首飞，1987年5月生产型开始进入部队服役。

图-160的作战方式以高空亚音速巡航、低空高亚音速或高空超音速突防为主，在高空可发射具有火力圈外攻击能力的巡航导弹。进行防空压制时，它可以发射短距攻击导弹。另外，该机还可以低空突防，用核炸弹或导弹攻击重要目标。据说，图-160作为火箭载机与"纤夫"飞航式火箭组合，可以把轻型卫星送入地球轨道。图-160座舱内的4名机组人员前后并列，均有单独的零—零弹射座椅。由于体积庞大，图-160驾驶舱后方的成员休息区中甚至还设了一个厨房。

■ 图-160轰炸机左侧视角

• 图-160轰炸机在高空飞行 •

• 图-160轰炸机仰视图 •

• 图-160轰炸机起飞 •

轰炸机

CHAPTER 04 轰炸机

美国 B-52 "同温层堡垒"

B-52 是波音公司研制的一款战略轰炸机,绰号为"同温层堡垒"(Stratofortress)。B-52 于 1948 年提出设计方案,1952 年 4 月首次试飞,1955 年开始装备美国空军。由于 B-52 的升限最高可处于地球的同温层,所以被称为"同温层堡垒"。

B-52 的机身结构为细长的全金属半硬壳式,侧面平滑,截面呈圆角矩形。前段为气密乘员舱,中段上部为油箱,下部为炸弹舱,空中加油受油口在前机身顶部;后段逐步变细,尾部是炮塔,其上方是增压的射击舱。动力装置为 8 台普惠 TF33-P-3/103 涡轮风扇发动机,分 4 组分别吊装在两侧机翼之下。B-52 不同型号的尾部装有不同的机枪,如 G 型装有 4 挺 12.7 毫米机枪。B-52 载弹量非常大,能携带 31 500 千克各型的核弹和常规弹药。

■ B-52 轰炸机右侧视角

轰炸机

CHAPTER 04 轰炸机

俄罗斯图-95"熊"轰炸机

图-95是苏联图波列夫设计局研制的一款长程战略轰炸机,北约代号"熊"(Bear)。1952年11月12日,图-95的第一架原型机成功试飞,之后于1955年7月在图西诺机场举行的航空展上首次对外公开展示,1956年开始加入苏联空军服役。该机除用作战略轰炸机之外,还可以执行电子侦察、照相侦察、海上巡逻反潜和通信中继等任务。

图-95的机身为半硬壳式全金属结构,截面呈圆形。机身前段有透明机头罩、雷达舱、领航员舱和驾驶舱。后期改进型号取消了原有的透明机头罩,改为安装大型火控雷达。该机起落架为前三点式,前起落架有2个机轮,并列安装。图-95使用4台NK-12涡桨发动机,最大时速超过了900千米/时,这使其成为速度最快、体积最大的螺旋桨飞机。在武器方面,图-95除安装有单座和双座Am-23 23毫米机尾机炮外,还能挂载25吨的炸弹或导弹,其中包括可使用20万吨当量核弹头的Kh-55亚音速远程巡航导弹。

CHAPTER 04 轰炸机

俄罗斯图-22M "逆火"轰炸机

图-22M是苏联图波列夫设计局研发的长程战略轰炸机，北约代号"逆火"(Backfire)，是苏联装备的第一种超音速战略轰炸机。图-22服役之后发现了许多操作上的严重问题，于是苏联空军科学研究所于1959年提出了下一代战略轰炸机的需求方案。1967年，图波列夫设计局的图-22M方案开始上马。该机于1969年8月首次试飞，1972年开始服役。

图-22M最大的特色在于变后掠翼设计，低单翼外段的后掠角可在20度～55度调整，垂尾前方有长长的脊面。在轰炸机尾部设有一个雷达控制的自卫炮塔，武器为1门23毫米双管炮。起落架为可收放前三点式，主起落架为多轮小车式。图-22M的机载设备较新，其中包括具有陆上和海上下视能力的远距探测雷达。该机的动力装置为2台并排安装的大推力发动机，其中图-22M2使用的是HK-22涡扇发动机，图-22M3装的是HK-25涡扇发动机。除机炮外，图-22M还可挂载21 000千克的炸弹和导弹。

法国"幻影Ⅳ"轰炸机

"幻影Ⅳ"轰炸机是法国达索航空公司研制的一款双发超音速战略轰炸机,于1959年6月17日首次试飞,1964年10月1日开始服役。1996年,"幻影Ⅳ"轰炸机退出现役。

"幻影Ⅳ"轰炸机沿用了"幻影"系列传统的无尾大三角翼的布局,机翼为全金属结构的悬臂式三角形中单翼,前缘后掠角60度,主梁与机身垂直,后缘处有2根辅助梁,与前缘大致平行。机身为全金属半硬壳式结构,机头前端是空中加油受油管。机身前端下方是前起落架舱,起落架为液压收放前三点式,前起落架为双轮,可操纵转向,向后收入机身。主起落架采用四轮小车式,可向内收入机身。"幻影Ⅳ"轰炸机基本型的主要武器为半埋在机腹下的1枚AN-11或AN-22核弹,或16枚454千克常规炸弹,或1枚ASMP空对地核打击导弹。

•"幻影Ⅳ"轰炸机准备起飞•

·停放在跑道上的"幻影Ⅳ"轰炸机·

·"幻影Ⅳ"轰炸机在高空飞行·

·"幻影Ⅳ"轰炸机在基地中检修·

CHAPTER 05

作战支援飞机

作战支援飞机是为战斗机、攻击机、截击机、轰炸机等作战飞机提供各种技术支援的飞机，包括运输机、侦察机、预警机、空中加油机、电子战飞机、教练机和反潜巡逻机等。这些飞机虽然不直接执行作战任务，但它们是战机执行战斗任务的重要保障，也是执行空中任务的"生命线"。

美国 C-130 "大力神" 运输机

■ C-130 运输机在高空飞行

C-130 是洛克希德公司研发的一款中型运输机，绰号"大力神"（Hercules）。C-130 于 1951 年开始研制，1954 年首次试飞，1956 年进入美国空军服役。该机能够以高空高速飞行，航程较大，而且能够在前线野战跑道上起降。C-130 系列的总产量约为 2262 架，其中 C-130J 型的造价约为 6650 万美元。

C-130 运输机的机身粗短，机头为钝锥形前伸，其前端位置较低。机翼为悬臂式上单翼结构，前缘平直，无后掠角。其动力装置为 4 台 T56-A-15 涡轮螺桨发动机，单台功率为 3660 千瓦。以 C-130H 为例，该机的载重量可达 19.87 吨，最大飞行速度为 620 千米/时。该机起飞仅需 1090 米的跑道，着陆跑道需 518 米，而且能够在前线的野战跑道上起降，具有较强的运输能力和极强的机动性。

· C-130 运输机左侧视角 ·

· 美国空军装备的 C-130 运输机 ·

美国 C-2 "灰狗" 运输机

C-2 是诺斯洛普·格鲁曼公司研制的双发运输机，绰号"灰狗"(Greyhound)。C-2 运输机是 E-2 空中预警机的衍生型号，它的研制是为了取代由活塞引擎推动的 C-1 舰载运输机。C-2 于 1964 年 11 月 18 日首次飞行，1966 年开始服役。时至今日，C-2 系列的改进型仍在服役。

C-2 保留着 E-2 机型原有的机翼及动力装置，但拥有一个经过扩大的机身，并在机尾设有装卸坡道。C-2 的动力装置为 2 台艾里逊 T56 型发动机。C-2A 和 C-2A(R) 型可提供高达 4545 千克的有效载荷。机舱随时可以容纳货物、乘客或两者兼载，并配置了能够运载伤者，执行医疗护送任务的设备。C-2 能在短短几小时内，直接由岸上基地紧急载运需要优先处理的货物 (例如战机的喷气发动机等) 到航空母舰上。

· C-2 运输机仰视图 ·

·C-2运输机左侧视角·

美国 C-5 "银河" 运输机

C-5 是洛克希德公司生产的大型战略军用运输机，绰号"银河"(Galaxy)。C-5 的研制计划最早于 1962 年提出。该机于 1968 年 6 月底首飞，1970 年 6 月加入美国空军服役。该机 A 型和 B 型共生产了 131 架，单机造价约为 1.6 亿美元。最新的 M 型仍在生产。

C-5 的尾翼为 T 形，机翼下有 4 台涡扇发动机，单台推力高达 191 千牛。起落装置拥有 28 个轮胎，能够降低机身，使飞机货仓的地板与汽车高度相当，以方便装卸车辆。前鼻和后舱门都可以完全打开，以便快速装卸物资。C-5 的机翼内有 12 个内置油箱，能够携带 194370 升燃油。C-5 载重量可达 122 吨，货仓容积为：上层货仓 30.19×4.2×2.29 米，下层货仓 36.91×5.79×4.11 米。

• 在低空飞行的 C-5 运输机 •

• C-5 运输机准备起飞 •

• 机头打开后的 C-5 运输机 •

· C-5运输机在高空飞行 ·

美国 C-17 "环球霸王Ⅲ"

C-17 是麦道研发的大型运输机，绰号"环球霸王Ⅲ"（Globemaster Ⅲ）。C-17 的研制周期较长，从 1981 年麦道公司赢得发展合约到 1995 年完成全部的飞行测试，共耗时 14 年。在发展经费方面，它是美国有史以来耗资第三大的军机，仅次于 B-2 轰炸机和 E-3 预警机。

C-17 的货舱可并列停放 3 辆吉普车，2 辆卡车或 1 辆 M1A2 坦克，也可装运 3 架 AH-64 武装直升机。在执行空投任务时，可空投 27215～49895 千克货物，或 102 名全副武装的伞兵和 1 辆 M1 主战坦克。C-17 货舱门关闭时，舱门上还能承重 18150 千克，相当于 C-130 全机的装载量。C-17 对起落环境的要求极低，最窄可在 18.3 米宽的跑道上起落，能在 90×132 米的停机坪上运动。

■ C-17 运输机起飞瞬间

C-17 运输机在高空飞行

运输机

C-17运输机在高寒地区飞行　　C-17运输机仰视图

美国 C-141 "运输星" 运输机

C-141 "运输星"（Starlifter）运输机是美国洛克希德公司（现洛克希德·马丁公司）研制的一款四发战略运输机，1965年4月开始服役，2006年退出现役。在40多年的服役期里，C-141运输机执行了1060万小时飞行任务。

作为美国空军主力战略运输机之一，C-141运输机的货舱空间虽然比不上后来出现的C-5运输机和C-17运输机，但也能轻松装载长达31米的大型货物，最大载重量为40439千克。该机的货舱设计对于工作人员来说相当方便。在运送车辆、小型飞机等带有轮子的货物时，工作人员可以使用平坦的货舱地板，但也可以快速更换成带有滚轴的地板，方便装卸箱装货物。在运送人员的时候，C-141运输机可以在舱壁上加装临时座椅，也可以在地板上加装座椅。该机可以一次运载208名全副武装的地面部队士兵，或168名携带全套装备的伞兵。此外，C-141运输机还可以运送"民兵"弹道导弹。

■ C-141运输机在旧金山湾上空飞行

• C-141运输机在高空飞行 •

·C-141运输机仰视图· ·低空飞行的C-141运输机·

美国 V-22 "鱼鹰" 倾转旋翼机

V-22 是贝尔公司和波音公司联合设计并制造的一款倾转旋翼机，绰号"鱼鹰"(Osprey)，它可作为运输机使用。V-22 于 20 世纪 80 年代开始研发，1989 年 3 月 19 日首次试飞，2007 年开始在美国海军陆战队服役，用于取代 CH-46 直升机执行拯救及作战任务。2009 年，美国空军也开始配备。

V-22 倾转旋翼机将直升机和固定翼飞机的特点和长处集于一体，实现了两者的完美结合。总体来说，倾转旋翼机具有速度快、噪声小、振动小、航程远、载重量大、耗油率低、运输成本低等优点，但也有技术难度高、研制周期长、气动特性复杂、可靠性及安全性低等缺陷。

乌克兰安-124"秃鹰"运输机

安-124是安东诺夫设计局研制的一款四发远程运输机，北约代号"秃鹰"。安-124于1982年底首次试飞，1986年初交付使用。1985年，安-124创下了载重171219千克物资，飞行高度10750米的纪录，打破了由美国C-5运输机创造的载重、高度世界纪录。此外，安-124还拥有其他多项世界纪录。

安-124机腹贴近地面，机头机尾均设有全尺寸货舱门，方便装卸工作。其货舱分为上下两层。上层舱室较狭小，除6名机组人员和1名货物装卸员外，还可运载88名乘客。下层主货舱容积为1013.76立方米，载重可达150吨。货舱顶部装有2个起重能力为10吨的吊车，地板上还有2部牵引力为3吨的绞盘车。安-124装有4台推力为229千牛的D-18T涡扇发动机。

· 安-124运输机起飞 ·

· 安-124运输机在高空飞行 ·

· 安-124运输机仰视图 ·

· 安-124运输机向上爬升 ·

乌克兰安-225"哥萨克"

安-225是安东诺夫设计局研制的一款六发重型运输机,目前仍是全世界最大的运输机与飞机。安-225是苏联在1985年春季时,因应当时"暴风雪"号航天飞机与其他火箭设备的运输需求而开始设计。1988年12月原型机首飞,1989年5月投入使用。

安-225货舱内可装载16个集装箱,大型航空航天器部件和其他成套设备,或天然气、石油、采矿、能源等行业的大型成套设备和部件。机背能负载超长尺寸的货物,如直径7～10米、长20米的精馏塔、俄罗斯的"能源"号航天器运载火箭和"暴风雪"号航天飞机。这样将大型器件从生产装配厂整运至使用场所既保证了产品质量,又缩短了运输周期。

·安-225运输机背负"暴风雪"号航天飞机·

运输机

·安-225运输机在高空飞行·

·安-225运输机准备起飞·

俄罗斯伊尔-76"耿直"运输机

伊尔-76是伊留申设计局研制的一款四发中远程运输机，北约代号"耿直"。20世纪60年代末，苏联决定研制伊尔-76，以弥补军事空运能力的不足。原型机于1971年3月首次试飞，同年5月27日在第29届巴黎国际航空博览会上公开展出。试飞持续到1975年结束，之后投入批量生产并开始交付苏联空军航空运输部队和民航使用。

伊尔-76在设计上十分重视军事要求：翼载低，展弦比大，有完善的增升装置，并装有起飞助推器；起落架支柱短粗而结实，采用多机轮和胎压调节装置；方便有效的随机装卸系统；全天候飞行设备、空勤人员配备齐全等，使飞机不依赖基地的维护支援，可以独立在野外执行任务。据统计，伊尔-76的每吨千米使用成本比安-12低40%以上。

·伊尔—76运输机在高空飞行·

·在低空飞行的伊尔—76运输机·

■ 伊尔—76运输机降落

欧洲 A400M "阿特拉斯"

A400M "阿特拉斯"（Atlas）运输机是多个欧洲国家联合研制的一款四发涡轮螺旋桨运输机，2009年12月首次试飞。该机原计划于2009年开始交付用户，但直到2013年8月法国空军才接收了第一架A400M运输机。

A400M运输机采用悬臂式上单翼、T形尾翼的常规气动布局，机翼采用超临界翼型设计，后掠角为18度。A400M运输机的复合材料占结构重量的比例为35%～40%，特别是机翼，碳纤维复合材料占机翼结构重量比例高达85%，开创了使用复合材料为主要材料制造大型运输机机翼的先例。与大多数运输机不同，A400M运输机的货舱截面几乎是方形的。方形货舱的好处在于增大了有效容积、降低了地板与地面之间的距离，不过相应的代价是结构强度有所损失。为了解决这一问题，设计师对A400M运输机进行了优化设计。A400M运输机的货舱长17.71米，地板宽度为4米，高度为3.85米，总容积达到了340立方米。

• A400M运输机在高空飞行 •

• A400M运输机右侧视角 •

运输机

·A400M运输机侧后方视角·

·A400M运输机在冰雪环境中起飞·

西班牙 C-295 运输机

C-295 是西班牙卡萨公司研制的一款多用途军用中型涡轮螺旋桨运输机。C-295 于 1996 年开始研制，1997 年 6 月在巴黎航展上正式对外公布。除西班牙以外，巴西、波兰和瑞士等国也订购过一批 C-295 运输机。

C-295 以老式的 CN-235 运输机为基础进行研制，其 85% 的部件与后者相同。虽然 C-295 的货舱仅比 CN-235 货舱长出 3 米，但它的运载能力却比 CN-235 提升了 50%。此外，与 CN-235 相比，C-295 加固了机翼结构，在两翼下增加了 3 个外挂点，改进了机舱的增压系统和电子设备，并改用了推力更大的发动机。该机可以运送 73 名士兵，5 个标准平台或者 27 副为疏散伤员准备的担架。C-295 装备有 2 台功率为 1945 千瓦的 PW127G 发动机，净载重量 9.7 吨。

加拿大 DHC-5 "水牛" 运输机

DHC-5 是加拿大德·哈维兰公司研制的一款短距起落多用途运输机，绰号"水牛"(Buffalo)。1964 年 4 月 9 日，DHC-5 第一架原型机首飞。1966 年，4 架原型机全部移交给美国陆军。1964 年底，加拿大国防部订购了 15 架。另外，巴西和秘鲁也分别订购了 24 架和 16 架。上述飞机的公司编号为 DHC-5A。1972 年，DHC-5A 停产。1974 年 9 月，生产线重开，生产可在高原、高温机场起落的改进型 DHC-5D。

DHC-5 共有 5 种型别，除了首批生产型 DHC-5A 和主要生产型 DHC-5D 以外，还有 DHC-5B 和 DHC-5C，分别安装 CT64-P4C 和罗尔斯·罗伊斯"达特"RDa.12 发动机，但未正式投产。DHC-5E 民用运输型，至今只生产了 2 架。

· DHC-5 运输机仰视图 ·

· DHC-5 运输机后方视角 ·

· DHC-5 运输机左侧视角 ·

美国 KC-135 "同温层油船"

■ KC-135 空中加油机在高空飞行

KC-135 是美国空军第一架喷气式加油机，绰号为"同温层油船"(Stratotanker)。KC-135 是波音公司在 C-135 军用运输机基础上改进而来的大型空中加油机。该机于 20 世纪 50 年代研制，1956 年 8 月进行首飞，1957 年正式列装。该机的总生产量为 803 架，主要用户为美国空军、法国空军、新加坡空军，土耳其空军和智利空军也有使用。

KC-135 的主翼后掠角为 35 度，翼下装有 4 台 J57-P-59W 涡轮喷气发动机，单台推力 61 千牛。该机的机体可分为上、下两个部分，上部分通常作为货舱使用，下部分则是燃油舱。机身后面部分是加油作业区，可装载 90 吨燃油。KC-135 具备同时为多架飞机加油的能力，其伸缩套管式加油方式的输油率也很高。2002 年，美国空军启动了 KC-135 "灵巧加油机"计划，改进后的 KC-135 加油机的性能更强，可使用不同的数据链在战区内进行通信联系，以便提高战区加油效率。

空中加油机

KC-135空中加油机仰视图

KC-135空中加油机放出加油管

美国 KC-10"延伸者"空中

KC-10是麦道公司研制的三发空中加油机,绰号"延伸者"(Extender)。KC-10空中加油机于1978年开始研制,1980年7月12日首次试飞,1981年3月17日交付美国空军。它既能为其他飞机加油,又能在空中接受加油。

KC-10加油机是在DC-10客机的基础上发展起来的,所以KC-10的系统88%和民用型DC-10是通用的。与DC-10不同,KC-10配备了军用航空电子设备和卫星通信设备,以及麦道公司生产的先进空中加油飞桁、锥套软管加油系统,并增加了一个加油系统操作员和自用的空中加油受油管。KC-10的最大载油量达161吨,接近KC-135的两倍。该机在机舱中所装载的53 000千克燃油和主燃油系统中的108 000千克燃油是相通的。

加油机

美国 KC-767/46 空中加油机

• KC-767 空中加油机右侧视角 •

KC-767/46 是一种战略运输机和空中加油机，衍生自波音 767 系列机型。21 世纪初，美国空军决定用 KC-767/46 取代老旧的 KC-135E。2003 年 12 月，这一合同因涉嫌贪污而终止。2011 年 2 月 24 日，美国空军重新选用了波音的修改版 KC-767 计划，并更名为 KC-46。

KC-767/46 使用了包括石墨碳纤维、凯夫拉等新型材料，提高了飞机结构强度和寿命，降低了机身重量。该机采用美国空军通用的伸缩套管加油模式和"远距空中加油操作者"系统，具备一次为 8 架战斗机补充燃料的能力，能为目前所有的西方战斗机进行加油。KC-767/46 更突出的特点是采用了可变换货舱的结构设计，同时具有运输机和加油机的功能。在保持加油能力的前提下，KC-767/46 还可以容纳 200 名乘客和 4 辆军用卡车。KC-767/46 比 KC-135 能多载 20% 的燃料，货物和人员运输能力更是 KC-135 的 3 倍。

• KC-767 空中加油机侧后方视角 •

• KC-767空中加油机为A-10攻击机加油 •

• KC-767空中加油机仰视图 •

俄罗斯伊尔-78"大富翁"

•伊尔-78空中加油机降落•

伊尔-78"大富翁"（Midas）空中加油机是伊留申设计局在伊尔-76"耿直"运输机基础上改装而来的空中加油机，1984年开始服役。苏联解体后，俄罗斯和乌克兰各继承了一部分伊尔-78空中加油机。此外，印度、巴基斯坦、阿尔及利亚、利比亚等国也进口了伊尔-78空中加油机。

伊尔-78空中加油机采用伊尔-76运输机的机身，它保留了后者货舱的载运能力，但在机身内增设了2个（后期型为3个）较大的可移动金属油箱。由于货舱内保留了货物处理设备，因此只要拆除货舱油箱，即可担任一般运输或空投任务。该机左右机翼的下方和机尾左侧，各装挂有1具UPAZ-1空中加油吊舱。伊尔-78加油机的机尾没有安装武器，炮手位置由加油控制员取代。伊尔-78空中加油机采用三点式空中加油系统，加油管长26米，可通过机腹加油点为1架重型轰炸机、机翼加油点为2架战术飞机同时进行空中加油。

•印度空军伊尔-78空中加油机在高空飞行•

•伊尔-78空中加油机

空中加油机

·"幻影2000"战斗机加油· ·印度空军装备的伊尔-78空中加油机·

英国 VC-10K 空中加油机

VC-10K 空中加油机是英国在 VC-10 四发中远程民航客机的基础上改装而成的空中加油机，在 1978 年至 2013 年间服役，也可作为运输机使用。

VC-10K 空中加油机采用机尾安装发动机的布局，将 4 台发动机短舱悬吊在机身尾部两侧，这样既远离乘员舱，又紧靠机身，在一侧发动机故障时不致引起严重的不平衡推力，避免机翼装发动机吊舱对升力和阻力的影响。由于受机尾安装发动机位置的影响，水平尾翼不能安排在机身上，所以采用高平尾布局。平尾的控制机构需要通过垂尾结构来控制，这就增加了复杂性和重量。另外，维护、更换发动机操作也不方便。VC-10K 空中加油机装有英国自己生产的软管式加油设备，可同时给 3 架飞机进行空中加油。中央加油软管装在右侧的 2 台发动机之间，软管绞盘装在垂尾根部的机身内。机翼外侧的机翼下吊挂着 2 个 Mk 32 空中加油吊舱（内有软管绞盘）。

• VC-10K 空中加油机右侧视角 •

• VC-10K 空中加

·VC-10K 空中加油机的驾驶舱特写·

·油机前方视角·

·VC-10K 空中加油机在高空飞行·

CHAPTER 05 作战支援飞机

欧洲 A310 MRTT 空中加油机

A310 MRTT 是在欧洲空中客车公司的 A310-300 客机基础上发展而来的空中加油机。2003 年 12 月，A310 系列的首个加油机机型在德国德累斯顿向媒体亮相。首批 A310 MRTT 于 2004 年 9 月交付给德国和加拿大空军。

A310 MRTT 的空中加油系统由机翼吊舱和控制设备组成。机翼两侧下方分别挂载有 1 个 Mk32B-907 加油吊舱，其内部装有 1 根 23 米长的加油软管和漏斗形接头，每分钟输送燃油 1500 升，可以同时为 2 架装有受油管的作战飞机加油，实施加油操作过程中没有飞行保险限制。A310 MRTT 在飞行 5550 千米航程期间，可以为作战飞机加注 33 吨燃油，或者在飞行 1850 千米航程后在指定空域巡航 2 个小时期间，可以为作战飞机加注 40 吨燃油。

• A310 MRTT 空中加油机为两架战斗机加油 •

A310 MRTT 空中加油机仰视图

德国空军装备的 A310 MRTT 空中加油机

• A310 MRTT 空中加油机在高空飞行 •

欧洲 A330 MRTT 空中加油机

A330 MRTT 是在 A330-200 客机基础上改进而来的空中加油机。A330 MRTT 于 2007 年 6 月首次试飞，2011 年开始服役。该机采用了目前所能应用的各种现代技术，在整体性能、订单数量和交付时间等方面冲击着波音公司多年来在加油机市场的垄断地位。

· A330 MRTT 空中加油机左侧视角 ·

由于飞机的尺寸大，A330 MRTT 机翼内油箱的最大载油量达到了 111 吨，比 KC-767A 加油机储油量还多 50% 以上，因此无须增加任何附加油箱，仅仅安装必要的管路系统和控制设备即可具备充足的空中加油能力。A330 MRTT 可以在飞行 4000 千米期间，为 6 架战斗机空中加油，并能运送 43 吨货物，或者可以在飞行 1850 千米、预定空域巡航 2 小时期间，为作战飞机加注 68 吨燃油。

· A330 MRTT 空中加油机放出加油管 ·

· A330 MRTT 空中加油机仰视图 ·

■ 英国空军装备的 A330 MRTT 空中加油机

美国 E-2 "鹰眼" 预警机

E-2 是诺斯洛普·格鲁曼公司研制的舰载预警机，绰号"鹰眼"(Hawkeye)。E-2 是世界上第一种专门全新设计的预警机，1960 年首次飞行，1964 年 1 月开始服役，目前是美国海军唯一使用的舰载空中预警机。该机还是全世界产量最大、使用国家最多的预警机。

E-2 的背部有一个圆盘状雷达天线罩，这是大多数预警机的主要特征。由于该机是为美国海军研制，所以机翼被设计为可折叠，以方便在航空母舰上使用。该机采用的是悬臂式梯形上单翼结构，机翼前缘有充气防冰装置，为了方便维护发动机和飞机操纵系统，内侧机翼前缘还可以打开。E-2 的发动机为 2 台 T56-A-427 发动机，单台功率高达 3803 千瓦，采用 4 叶直径 4.11 米的螺旋桨。

• E-2 预警机贴近海面飞行 •

• E-2预警机在美国海军航空母舰上降落 •

• E-2预警机仰视图 •

• E-2预警机在高空飞行 •

美国 E-3 "望楼" 预警机

E-3 是波音公司生产的全天候空中预警机，绰号"望楼"(Sentry)。E-3 是波音公司根据美国空军"空中警戒和控制系统"计划而研制的，1975 年 10 月首次试飞，1977 年开始服役。除美国外，英国、法国和沙特阿拉伯等国都有使用。

E-3 是直接在波音 707 商用机的机身上，加上旋转雷达模组及陆空加油模组。该机雷达直径 9.1 米，中央厚度 1.8 米，用两根 4.2 米的支撑架撑在机体上方。AN/APY-1/2 水平旋转雷达可以监控地面到同温层之间的空间。E-3 使用 4 台普惠 TF33-PW-100/100A 发动机，单台推力 93 千牛。

· E-3 预警机左侧视角 ·

美国 E-737 "楔尾" 预警机

E-737 "楔尾" (Wedgetail) 预警机是美国波音公司为澳大利亚军方研制的一款大型预警机，全称为"楔尾空中预警和控制系统"。2006年5月20日，该机完成首次飞行。由于是外销用机，因此它没有美军编号，外界一般称其为E-737预警机。2009年，E-737预警机开始进入澳大利亚空军服役。此外，韩国和土耳其也有采用。

E-737预警机以波音737-700短程客机为载机，由于增加了大型的天线，飞机的材料强度等都进行了改进，飞机阻力也有所增加。该机采用诺斯洛普·格鲁曼公司的多波段多功能电子扫描相控阵（MESA）雷达。这种雷达比传统的机载预警与控制系统（AWACS）雷达更有效，因为它不用依靠旋转机械来监控空中目标。它的扫描天线有两块，一块垂直安装在后机身上方，仿佛给飞机加了块"背鳍"，另一块则水平安置在"背鳍"上部，两块天线就像搭积木一样相互叠加组成了一个完整的天线阵。

· E-737预警机在高空飞行 ·

· E-737预警机

·土耳其空军装备的E-737预警机·

■ E-737预警机右侧视角

美国 E-767 预警机

E-767 是以波音 767-200ER 客机为载体研制的空中预警与管制机。E-767 预警机于 1994 年 10 月首次试飞,当时未加装天线罩。加装天线罩后的原型机于 1996 年 8 月试飞,2000 年开始服役。除日本购买了 4 架外,E-767 还没有其他买家。

E-767 预警机所配备的雷达、航空电子系统和电子战系统都是 E-3 "望楼" 预警机所用设备的改进型。它采用的 AN/APY-2 型机载预警雷达是 E-3 所用的 AN/APY-1 型雷达的第二代产品,因而 E-767 的战术技术性能明显比 E-3 优越。E-767 在作战飞行高度上能探测 320 千米以外的目标,对高空目标的探测距离达 600 千米,可同时跟踪数百个空中目标,并能自动引导和指挥 30 架飞机进行拦截作战。

· E-767预警机向上爬升 ·

俄罗斯图-126"苔藓"预警机

图-126 预警机是图波列夫设计局研制的一款大型预警机，北约称其为"苔藓"（Moss）。该机于 1960 年开始设计，1962 年首次试飞，1965 年投入使用。20 世纪 80 年代初，随着 A-50 预警机装备部队，图-126 预警机逐渐被取代。

图-126 预警机是以图-114 客机（图-95 轰炸机的改装型）为基础改装而成。机体与图-114 基本相同，但在机头加装了空中受油管，尾部有腹鳍，机身上部装有直径为 11 米的旋转雷达天线罩。图-126 预警机装有"平顶柱"机载预警雷达，其性能与美国早期的 E-2 预警机雷达相当，作用距离 375 千米，采用了延迟线固定目标对消技术，具有海上下视和有限陆上下视能力，可作为截击机或对地攻击机的空中导引指挥站。"平顶柱"雷达可同时处理 80 个目标，同时指挥控制 12～18 架飞机进行作战行动。

• 图-126 预警机侧面视角 •

• 图-126 预警机后方视角 •

• 报废的图-126 预

■ 图-126预警机在高空飞行

CHAPTER 05 作战支援飞机 141

俄罗斯 A-50 "支柱" 预警机

A-50 是以伊尔-76 运输机为基础改进而来的一款预警机。A-50 于 20 世纪 70 年代末开始研制，目的是与苏联的第三代超音速战斗机米格-29、苏-27 等一起组成 20 世纪 90 年代的空中防空体系。该机于 1978 年首次飞行，1984 年开始服役。

A-50 初期型装备的"野蜂"雷达为高重复频率脉冲多普勒雷达，采用了 S 波段的发射机，发射功率 20 千瓦。后期的 A-50U 型装备了新型雷达系统"熊蜂-M"，可对敌方电子反制武器进行确定与跟踪，原来存在的强烈噪声和高频行踪问题也有所克服。另外，该机还采用较低的垂直尾翼，提高了飞行稳定性。A-50U 型还加强了目标识别、处理速度、无线通信、精确导航等功能，探测目标距离和跟踪目标数量均有所增加。

· A-50 预警机在高空飞行·

·A-50预警机仰视图·

·印度空军装备的A-50预警机·

■ 停放在基地中的A-50预警机

以色列"费尔康"预警机

"费尔康"(Phalcon)是以色列航空工业有限公司研制的世界上第一种相控阵雷达预警机。"费尔康"预警机于1993年首次试飞。"费尔康"只是电子系统的名称,与载机的类型无关。只要安装了"费尔康"系统,均可称之为"费尔康"预警机。

"费尔康"预警机采用了先进的电扫描技术,具有重量轻、造价低、可靠性高的特点。该机的主要探测设备为EL/M-2075主动相控阵雷达,工作频率为40～60吉赫,介于S波段与VHF波段之间,对战斗机、攻击机的探测距离为370千米,对5平方米目标机的探测距离为360千米,对直升机的探测距离为180千米。此外,EL/M-2075还具备发现隐形飞机和巡航导弹的能力。"费尔康"可同时跟踪50～60个目标,并引导数百架飞机进行空战,具有很强的持续跟踪能力和跟踪精度。

以色列"海雕"预警机

"海雕"(Eitam)预警机是以色列飞机工业公司研制的一款空中预警机,2006年5月首次试飞,2012年开始服役。

"海雕"预警机的载机为湾流G550公务机,机身不同部位共装有4个有源相控阵雷达天线,可以覆盖360度空域,避免了"平衡木"相控阵天线受到的限制,也不会产生E-3预警机旋转雷达罩的阻力和平衡问题。"海雕"预警机的机舱内部分为前后两个部分,前舱用于安装雷达等电子设备,后舱为任务控制工作区,设置有6个工作站。相比早期EL/M-2075"费尔康"雷达系统,"海雕"预警机的EL/W-2085雷达系统的尺寸明显减小,安装重量减少了近三分之二,但仍然保持着同样的扫描功率,而且基本数据处理能力提高了200倍,在信号处理速度上提高了3000倍。在综合考虑了探测精度、天线尺寸、杂波干扰和隐身目标等方面因素的基础上,"海雕"预警机的雷达系统分别采用了不同的波段。

• "海雕"预警机右侧视角 •

• "海雕"预警机在高空飞行 •

· "海雕"预警机准备起飞 ·   · 航展中的"海雕"预警机 ·

CHAPTER 05　作战支援飞机

瑞典 S-100B "百眼巨人"

S100B"百眼巨人"（Argus）预警机是瑞典空军装备的一款空中预警机，由萨博公司研制，其公司代号为SAAB 340预警机，于1997年开始服役。

与美、俄等国现役的大型预警机相比，S-100B预警机要小巧得多。它不像美国E-3预警机或俄罗斯A-50预警机那样都是以大型客机为载机，而是以小型区间支线客机为载机。S-100B预警机的核心是"爱立眼"雷达系统，它与北约空中防御指挥系统具有完全互通性，其系统采用性能可靠的先进固态电子设备、利于升级的开放式系统体系结构和利于成本控制的增强型商业现货供应硬件，包括普通通用型可编程工作站和全彩色液晶显示器。除雷达外，S-100B预警机还配备了FRS-890战术显控台、TSB2500敌我识别系统。

■ 瑞典空军装备的S-100B预警机

· S-100B预警机在高空飞行 ·

预警机

· 展览中的S-100B预警机 ·

· S-100B预警机右侧视角 ·

美国 E-4 "守夜者" 空中

E-4 是由波音 747-200 客机改装而成的一款空中指挥机，绰号"守夜者"(Nightwatch)。当核大战发生的时候，地面的美国政府机构和美军指挥部门可能会被核弹摧毁，因此需要一个能够避开地面核爆区、迅速转移到安全地带的空中指挥所，E-4 就是出于这种考虑而研制的。E-4 于 1973 年开始改装，1974 年 12 月开始交付，共生产了 A 型 3 架，B 型 1 架。

E-4 共有 3 层甲板 6 个工作区，上层为驾驶舱、休息室、通信控制中心、技术控制中心，下层为通信设备舱与维护工作间。机上有 13 套通信设备，其中包括卫星通信和超低频通信装置。机上共有 46 组通信天线，卫星通信天线装在背部的整流罩内，超低频通信天线可用绞盘收放，长 8 千米，能与在水下的潜艇通信。该机机组最多可达 114 人。

·E-4 空中指挥机仰视图·

·E-4 空中指挥机左侧视角·

指挥机

美国 E-6 "水星" 通信中继机

E-6 是波音公司研制的一款通信中继机，绰号"水星"(Mercury)。E-6 于 1983 年开始研制，1989 年 11 月开始交付，1990 年形成初期作战能力，一共生产了 16 架。该机在美国海军中服役，用于在战争情况下，确保国家指挥当局有效地与弹道导弹核潜艇、攻击核潜艇通信联络。

E-6 的机体有 75% 与 E-3 预警机相同，主要区别是去掉了旋转雷达天线罩，在翼尖有电子对抗吊舱。机舱分 3 个区，翼前区包括四人机组驾驶舱、食品储存间、厨房、就餐间、洗手间，以及有 8 个折叠床的休息间，以便搭乘轮班乘员。该机的收放式超低频天线长达 7925 米，在通信时，飞机绕小圆圈轨道飞行，天线近似垂直下垂，能保证潜艇在水下使用拖曳式天线接收。

■ E-6 通信中继机右侧视角

■ E-6 通信中继机仰视图

美国 E-8 "联合星" 战场

E-8 是诺斯洛普·格鲁曼公司研制的一款战场监视机，绰号"联合星"(Joint STARS)。1982 年，美国空军的"移动目标显示"(MTT) 计划和陆军的"远距离目标捕捉系统"(SOTAS) 计划合并成"联合监视目标攻击雷达系统"计划，其成果就是 E-8。该机于 1991 年开始服役。

E-8 主要由载机、机载设备和地面站系统组成。载机是波音 707 客机。机载设备主要有雷达设备、天线、高速处理器以及各种相关软件等。地面站系统为移动式的，是一个可进行多种信息处理的中心。E-8 机身下装有一个 12 米长的雷达舱，利用舱内强劲的 AN/APY-3 多模式侧视相控阵 I 波段电子扫描合成孔径雷达，E-8 可以发现机身任意一侧 50 000 平方千米地面上的各种目标。

监视机

美国 U-2 "黑寡妇" 侦察机

U-2 是洛克希德研制的单发高空侦察机，绰号为"黑寡妇"。1955 年 8 月 4 日，001 号原型机试验首飞，打破由英国人保持的 22 707 米升限的世界纪录。1956 年 5 月，首批 4 架 U-2 开始服役。1960 年 5 月 1 日，U-2 在苏联首次被击落，由此被世人所知。2019 年，U-2 仍然活跃于前线。

U-2 采用全金属悬臂中单翼，机鼻可以拆卸。U-2 装有高分辨率摄影组合系统，能在 4 小时内，在 15 000 米高空，拍下宽 200 千米、长 4300 千米范围内地面景物的清晰图像，并冲印出 4000 张照片用于情报分析。

• U-2 侦察机起飞瞬间 •

美国 RC-135 "铆接" 侦察机

RC-135是波音公司研发的一款战略侦察机,绰号"铆接"(Rivet)。RC-135由波音707机体改装而成,1965年4月首次试飞。RC-135自问世以来已有多种改进型,包括A、S、U、V、W、X等型号。其中RC-135S是侦察弹道导弹的主要机型,是美国战区导弹防御计划的重要组成部分。

RC-135的机身大小跟普通的波音707客机相当,安装有4台普惠TF33-P-9涡扇式发动机,单台推力71千牛,最大航程可达12000千米,飞行高度通常在15千米以上,巡航速度为860千米,续航时间可超过12小时,由于各种型号的RC-135都装有空中加油装置,因此实际上的飞行时间可以大大超过12小时,空中滞留时间最长可达20小时。

RC-135侦察机俯视图

英国空军装备的RC-135侦察机

· RC-135侦察机左侧视角·

CHAPTER 05　作战支援飞机

美国 SR-71 "黑鸟"侦察机

SR-71 "黑鸟"（Blackbird）侦察机是美国洛克希德公司研制的一款喷气式三倍音速远程高空高速战略侦察机，于1964年12月22日首次试飞，1966年1月开始服役。1998年，SR-71侦察机从美国空军退役。

SR-71侦察机是第一种成功突破"热障"的实用型喷气式飞机。时至今日，SR-71侦察机仍然是世界上有人驾驶的速度最快的飞机。在实战记录上，没有任何一架SR-71侦察机曾被击落过。SR-71侦察机的主要任务载荷包括侦察照相机、红外和电子探测器、AN/APQ-73合成孔径侧视雷达等先进的电子和光学侦察设备，但都处于绝对保密的状态，外界了解甚少。但通过对其飞行速度和光学照相机的分析，1小时内它能完成对面积达324 000平方千米的地区的光学摄影侦察任务。通俗点说，它只需要6分钟就可以拍摄得到覆盖整个意大利的高清晰度照片。

· SR-71侦察机在高空飞行 ·

· SR-71侦察机前方视角 ·

· 停机坪中的SR-71侦察机 ·

· SR-71侦察机驾驶舱特写 ·

美国 RF-4C "鬼怪Ⅱ" 侦察机

RF-4C "鬼怪Ⅱ"（Phantom Ⅱ）侦察机是美国麦克唐纳公司以 F-4 "鬼怪Ⅱ" 战斗机为基础改装而成的无一款武装照相侦察机。1963 年 8 月，RF-4C 的原型机首次试飞，同年开始批量生产。麦克唐纳公司一共生产了 503 架 RF-4C 侦察机，最后一批于 1973 年 12 月交付。除美国空军使用外，西班牙和韩国等国也采用了 RF-4C 侦察机。

RF-4C 侦察机使用专业的照相、侦察器材替换了 F-4 战斗机的武器和雷达设备，两者在外形上的最大区别是 RF-4C 侦察机具有更长更尖的机鼻，里面安装了照相机、地形测绘雷达、红外影像设备等。RF-4C 侦察机装有为夜间侦察而设的照明弹发射系统，安装在后机身上部的液压盖板下。最初的 RF-4C 侦察机没有安装武器，后来加装了 AIM-9 "响尾蛇" 短程空对空导弹作为自卫武器。

• RF-4C 侦察机腹部特写 •

• RF-4C 侦察机在高空飞行 •

· RF-4C侦察机右侧视角 ·

· 座舱盖开启的RF-4C侦察机 ·

俄罗斯米格-25R"狐蝠"

米格-25R"狐蝠"（Foxbat）侦察机是苏联米格-25"狐蝠"截击机的侦察改型，1969年开始服役。1969年，米格-25R开始进入苏联空军服役，在投入使用后，该机因为表现优异而被赋予了大量不同的任务属性，最终发展出一个庞大的子型号家族，其生产数量甚至超过了截击型，在所有米格-25生产型号中占到了60%的份额。

米格-25R基本型是米格-25R系列最早的批量生产型号，它是米格-25侦察型中唯一一种"纯侦察型号"，其气动外形与米格-25P基本相同，但其头锥部分因为不需要安装直径巨大的截击雷达设备而显得更加细长，尾喷管部分则较截击型有所加长，这种做法虽然使得发动机推力受到了一定的损失，但有效降低了飞行阻力，使得米格-25R的气动外形更加"干净"。米格-25R系列的其他型号在外形上与米格-25R基本型没有太大差别，主要改进是加装武器并更换侦察设备。

· 米格-25R侦察机起飞瞬间 ·

侦察机

·米格-25R侦察机前方视角·

·米格-25R侦察机进气口特写·

·米格-25R侦察机在低空飞行·

俄罗斯伊尔-20"黑鸭"

伊尔-20"黑鸭"（Coot）侦察机是伊留申设计局在伊尔-18民航客机基础上改型设计的电子侦察机，主要执行区域性电子侦察任务。该机于1970年开始服役，并在冷战期间频繁出动，为苏联获得电子战数据做出了重要贡献。截至2019年1月，仍有少量伊尔-20侦察机在俄罗斯军队服役。

伊尔-20侦察机的外形与伊尔-18民航客机基本相同，但加装了大量天线罩与天线，其中在腹部装有长10.25米、高1.15米的雷达罩，内装侧视雷达天线。在前机身两侧各有一个长4.4米、宽0.88米的整流罩，内装各种传感器及照相机。伊尔-20侦察机采用下单翼结构，机身为加压机舱，前三点起落架中的后起落架收于发动机舱内。伊尔-20侦察机装有侧视雷达、照明设备、RP5N-3N航空雷达、NS-1多普勒导航系统，电子侦察与干扰设备等。

· 伊尔-20侦察机右侧视角 ·

· 伊尔-20侦察机在高空飞行 ·

· 停放在跑道上的伊

侦察机

·伊尔-20侦察机·　　·伊尔-20侦察机前方视角·

英国"哨兵"侦察机

"哨兵"(Sentinel)侦察机是美国雷神公司为英国空军研制的一款侦察机,于2008年开始服役。在"哨兵"侦察机服役之后不足5年的2010年,英国政府打算阿富汗作战一结束就将之废弃。不过,"哨兵"侦察机在阿富汗、利比亚等作战行动中表现出的高速作战能力促使英国国防部改变了想法,决定让其继续服役。

"哨兵"侦察机是以"环球快车"公务机为基础改装而来,采用后掠式下单翼,后掠式T形尾翼带下反角。前部机身背部有雷达罩,机腹下有舟型天线罩。"哨兵"机背的天线罩内装有全球卫星通信系统"动中通"的全向天线,腹部长条形天线罩则是双模ASARS-2地面监控雷达系统的天线,该雷达为合成孔径雷达,具有穿透伪装物和浅地表探测与移动目标探测的优秀能力,对地面活动小型慢速目标的作用距离达360千米。

• "哨兵"侦察机左侧视角 •

·"哨兵"侦察机前方视角· ·"哨兵"侦察机起飞瞬间·

·"哨兵"侦察机在高空飞行·

美国 P-3 "猎户座"反潜巡逻机

P-3 是洛克希德公司研制的一款海上巡逻和反潜飞机,绰号"猎户座"(Orion)。P-3 于 1957 年开始研制,1958 年 8 月空气动力原型机首飞,装备齐全部设备的 YP-3A 于次年 11 月 25 日试飞,1961 年 4 月开始交付。迄今为止,洛克希德公司已生产各型 P-3 巡逻机 600 多架,并出口到加拿大、伊朗、新西兰、日本等国。

P-3 采用悬臂式下单翼,使用传统铝合金结构机身,增压机舱。该机装有 4 台艾利逊公司的 T56-A-14 涡桨发动机,单台功率为 3661 千瓦。P-3 翼前有 1 个 3.91 米长的弹舱,机翼下有 10 个挂架,可以携带鱼雷、深水炸弹、沉底水雷、火箭发射巢、反舰导弹、空对空导弹等,还可以携带各种声呐浮标、水上浮标和照明弹等。

CHAPTER 05 作战支援飞机

美国 P-8 "波塞冬" 反潜巡逻机

P-8是波音公司研制的反潜巡逻机，绰号"波塞冬"(Poseidon)。在20世纪90年代末，美国海军启动了"多任务海上巡逻机"研究计划。在2000—2002年间，多家军火商提交了他们的设计构想，其中波音的方案是以波音737客机为蓝本设计一个全新的空中平台，这就是P-8反潜巡逻机。该机于2009年4月25日首次试飞，2013年开始服役。

P-8的设计源自于波音737客机，它比P-3"猎户座"反潜巡逻机的螺旋桨动力有更大效能和巡航能力，平均高出25%～30%。它也用来接替冷战后时代的诸多海上巡逻机，并主打外销市场。它由2台喷气发动机推动，速度可与战斗机比拟，内部的大空间也能安装更多装备，翼下也能挂载更多武器。

· P-8反潜巡逻机向上爬升 ·

美国 S-3 "维京" 反潜机

S-3 是洛克希德公司生产的一款双发喷气式反潜机,绰号"维京"(Viking)。S-3 是针对美国海军 20 世纪 70 年代后期反潜任务而设计的舰载反潜飞机,于 1972 年 1 月首飞,1974 年 2 月开始交付。20 世纪 90 年代后,S-3 的任务扩展到攻击水面舰艇和电子战等。

S-3 反潜机是针对当时的苏联核潜艇而研制的反潜机,是世界首款喷气式反潜机,为了长时间在海上搜索潜艇而采用了低耗油量的通用动力 TF34-GE-24 涡轮风扇发动机,而在机尾也有长长的磁异探测器来搜寻潜艇。S-3 的作战任务主要是对潜艇进行持续的搜索、监视和攻击,对己方的重要海军兵力进行反潜保护。该机的武器仓和翼下挂架可挂带常规炸弹、深水炸弹、空投水雷、鱼雷及火箭巢等武器。

· S-3 反潜机在高空飞行 ·

· S-3 反潜机前方视角 ·

· S-3 反潜机的机腹 ·

· S-3 反潜机编队飞

俄罗斯别-12"海鸥"反潜

别-12"海鸥"（Chayka）反潜巡逻机是别里耶夫设计局研制的一款反潜巡逻机，为别-6反潜巡逻机的后继型，1965年开始服役。截至2019年1月，仍有部分别-12反潜巡逻机在俄罗斯海军服役。

别-12反潜巡逻机采用传统的"海鸥"式上单翼，机体为全金属结构。该机的机翼由20度上反角的矩形内翼和1.5度下反角的外翼组成，外翼下装着具有平滑船形底部的侧向稳定浮筒，每个浮筒由5个不透水的密封舱组成。机身底部被分成10个不透水密封舱，在其中一个或几个受损的情况下，仍能保障飞机在水上有足够的浮力。别-12反潜巡逻机配备了"主动2"搜索瞄准雷达，并更新了机载无线电设备、自动驾驶仪、航向系统设备、全景接收显示器等。别-12反潜巡逻机的操作简便，可搜索跟踪距驻地700～800千米的潜艇，并可用AT-1鱼雷或炸弹将目标摧毁。此外，别-12反潜巡逻机还装有2门23毫米机炮，用于自卫。

·别-12反潜巡逻机在高空飞行·

巡逻机

· 别—12反潜巡逻机准备起飞 ·

· 乌克兰军队装备的别—12反潜巡逻机 ·

· 别—12反潜巡逻机编队飞行 ·

俄罗斯伊尔-38 "五月"

伊尔-38 "五月"（May）反潜巡逻机是伊留申设计局在伊尔-18客机基础上发展而来的反潜巡逻机，1961年首次试飞，1967开始批量制造，1969年开始服役。到1972年停产时，共制造了65架，包括伊尔-38M、伊尔-38MZ、伊尔-38N等改进型号。苏联解体后，俄罗斯海军航空兵仍继续使用伊尔-38反潜巡逻机。此外，印度海军航空兵也有购买。截至2019年1月，伊尔-38反潜巡逻机仍在服役。

伊尔-38反潜巡逻机采用了加长4米的伊尔-18机身，采用大型飞机常用的下单翼布局，与伊尔-18相比机翼前移，减少了机身舱窗。机头下部有大型雷达罩，机尾为磁异探测器。该机采用3人制驾驶舱，机身中部为作战舱，可搭载10～12名乘员。机翼前后的机身下部为前后2个武器舱，可携带声呐浮标和武器。伊尔-38反潜巡逻机配备了RGB-1、RGB-2、RGB-3声呐浮标，并可使用AT-2鱼雷和RYU-2核深水炸弹。

• 经过现代化改造的伊尔-38反潜巡逻机 •

• 伊尔-38反潜巡逻机在高空飞行 •

• 印度海军装备的伊尔-38 •

反潜巡逻机

·伊尔-38反潜巡逻机后方视角·

俄罗斯图-142"熊F"

图-142"熊F"（Bear F）反潜巡逻机是图波列夫设计局在图-95轰炸机基础上研制的反潜巡逻机，1970年5月开始服役。图-142各种型号的总产量为100架，除苏联海军（苏联解体后由乌克兰和俄罗斯继承）外，印度海军也有使用。

图-142反潜巡逻机与图-95轰炸机采用相同的气动布局，机身细长，后掠式机翼、平尾和垂尾。机翼为悬臂式中单翼，全金属三梁结构，基本上由铝合金制成。图-142反潜巡逻机的机身密布天线系统，可通过"鸢"式搜索瞄准雷达、磁声探测系统和投放无线电浮标识别水下目标，完成300千米范围内对海对潜探测任务。该机可在远海执行反潜巡逻和侦察任务，并配备了反潜鱼雷、反潜炸弹和反舰导弹，可直接对水面和水下目标进行打击。图-142对潜攻击的主要武器包括ATR-2E和ATR-3轻型声导反潜鱼雷，可有效打击潜深600米、航速30节的高速潜艇。

• 印度海军装备的图-142反潜巡逻机 •

反潜巡逻机

• 图-142反潜巡逻机在高空飞行 •

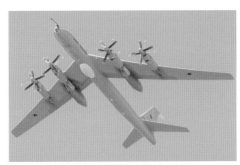
• 图-142反潜巡逻机仰视图 •

• 图-142反潜巡逻机起飞 •

英国"塘鹅"反潜机

"塘鹅"（Gannet）反潜机是英国费尔雷公司研制的一款单引擎舰载反潜机，1949年9月首次试飞，1953年开始批量制造，同年11月起被部署在"皇家方舟"号和"鹰"号航空母舰上。除装备英国海军外，德国海军、澳大利亚海军、印度尼西亚海军也有采用。

·"塘鹅"反潜机在空中飞行·

"塘鹅"反潜机的机体尺寸较小，却装备了大型发动机，导致机体肥胖臃肿，看起来颇像一只笨拙的大鹅，因此被定名为"塘鹅"，还有人说它堪称"世界上最丑陋的军用飞机"。该机有3名乘员，分别是最前方的驾驶员，中间的反潜器操作员和最后的雷达操作员（面向后方）。"塘鹅"反潜机装有闪光信号弹、声呐和机载雷达，在其机腹弹舱中，可一次挂装2枚鱼雷加3枚深水炸弹，或3枚深水炸弹加2枚水雷，或1枚908千克炸弹，或2枚454千克炸弹，或4枚227千克炸弹。此外，"塘鹅"反潜机还可在机翼下安装武器挂架以携带火箭弹和声呐浮标。

·德国海军装备的"塘鹅"反潜机·

·"塘鹅"反潜机右侧视角·

·机翼折叠后的"塘鹅"反潜机·

英国"猎迷"反潜巡逻机

"猎迷"（Nimrod）反潜巡逻机是英国霍克·西德利公司（现已被英国宇航系统公司并购）研制的反潜巡逻机，1969年开始服役。2011年6月，因经费原因，英军装备的"猎迷"反潜巡逻机退出现役。

"猎迷"反潜巡逻机的载机是"彗星"客机，具体改装包括：尾翼后部的长尾梁上安装了磁异探测器；机鼻加装了搜索雷达；垂直尾翼上加装了电子支援系统的天线；右翼下加装了搜索探照灯；垂直尾翼面积略有增大；驾驶舱风挡、窗口加大；重新设计了非增压的机腹武器舱和系统舱，使得机身呈现明显的双泡型截面。

"猎迷"反潜巡逻机的正常续航时间为12小时，最大续航时间为15小时，若进行一次空中加油则续航时间可达19小时。

· "猎迷"反潜巡逻机仰视图 ·

· "猎迷"反潜巡逻机起飞 ·

·"猎迷"反潜巡逻机驾驶舱特写·

·"猎迷"反潜巡逻机在高空飞行·

CHAPTER 05 作战支援飞机

日本 P-1 反潜巡逻机

P-1 是日本川崎重工研发的一款反潜巡逻机。P-1 反潜巡逻机是日本新《防卫计划大纲》提出的"动态防卫力量"的核心装备之一,被视为"未来在日本周边开展警戒和监视活动的主力装备"。2013 年 3 月 26 日,P-1 举行了交付仪式。

P-1 配备了 4 台涡扇发动机,其续航能力和飞行高度都大大超过美制 P-3C "猎户座"。P-1 还装备了先进的声呐系统,能监控大面积海域,捕捉敌方潜艇的踪迹。P-1 还能直接对敌方大型战舰和核潜艇发动攻击。该机机翼下方共有 8 个武器外挂点,可挂载各种反舰和反潜武器。其武器总载荷超过 9 吨,具备较强的攻击力。另外,P-1 还配有日本自主研发的光波探测器和红外深海探测器,能捕捉到藏在水下较深处的潜艇。

■ P-1 反潜巡逻机侧前方视角

• P-1 反潜巡逻机仰视图 •

·P-1反潜巡逻机编队在富士山附近飞行·

·P-1反潜巡逻机侧后方视角·

美国 EP-3 "白羊座" 电子

EP-3 "白羊座"是 P-3 "猎户座"海上巡逻机的电子战改型。EP-3 于 1962 年首次试飞，1969 年开始服役，1974 年全面替换了 EC-121 "超级星座"电子战机。EP-3E "白羊座Ⅱ"是 EP-3 系列的深入改型。目前，美国海军共拥有 11 架 EP-3E 侦察机，最后一架于 1997 年交付。此外，日本航空自卫队也装备了 5 架 EP-3 电子战飞机。

EP-3 的机身设计取自同厂的 P-3 "猎户座"海上巡逻机，而 P-3 的设计则取自 L-188 型民航客机。EP-3 的主要任务为电子监听，其机载电子设备多由得克萨斯州 L-3 通信综合系统公司提供。该机采用 4 台艾里逊公司的 T56-A-14 涡桨发动机，单台功率为 3450 千瓦。EP-3 的机组人员为 24 人，包括 7 名军官、3 名飞行员、1 名导航员、3 名战术程序员、1 名飞行工程师，其余为设备操作员、技术员、机械员等。

■ EP-3 电子战飞机左侧视角

战飞机

CHAPTER 05　作战支援飞机

美国 EA-6 "徘徊者" 电子

EA-6 是诺斯洛普·格鲁曼公司研制的一款舰载电子对抗飞机，绰号"徘徊者"(Prowler)。EA-6 于 1960 年开始研制，1963 年 4 月进行首次试飞并将编号改为 EA-6A。改进型 EA-6B 于 1968 年 5 月进行首飞，1971 年 7 月开始服役。EA-6B 电子战飞机的单价约为 5200 万美元，主要用户为美国海军和美国海军陆战队，预计将会以更新的 EF-18G 替代。

EA-6A 的前 6 架由双座 A-6A 攻击机改良而成，后 15 架为全新生产。EA-6B 大幅改进了之前的设计，加长了机身，机组成员由 2 名增加到了 4 名，其中 1 名为飞行员，另外 3 名为电子对抗装备操作员。EA-6B 装有 2 台普惠 J52-P408 发动机，单台推力为 46.7 千牛。其垂尾翼尖上有一个较大的天线，里面有灵敏侦察接收机，能够探测远距离的雷达信号。该机还可以携带 AGM-88 "哈姆"反辐射导弹来攻击敌方地面雷达站。

• EA-6 电子战飞机仰视图 •

• EA-6 电子战飞机右侧视角 •

战飞机

美国 EA-18G "咆哮者" 电子

EA-18G"咆哮者"（Growler）电子战飞机是美国波音公司以F/A-18F"超级大黄蜂"战斗/攻击机为基础研制的一款电子战飞机，2009年开始服役。

EA-18G与F/A-18F保持了90%的共通性，最大的改动在电子设备上，这无疑能大大降低后勤保障的压力，也节省了飞行员完成新机改装训练所需的时间与费用。EA-18G的机身采用半硬壳结构，主要采用轻合金，增压座舱采用破损安全结构。机头右侧上方装有可收藏的空中加油管。起落架为前三点式，前起落架上有供弹射起飞用的牵引杆。作为F/A-18E/F的衍生机型，EA-18G具有和前者相同的机动性能，也具备F/A-18E/F的作战能力，因此完全可以胜任随队的电子支援任务。EA-18G可挂载和投放多种武器，其中包括AGM-88"哈姆"反辐射导弹和AIM-120空对空导弹，虽然EA-18G没有内置机炮，但其具备不错的空战能力，不仅足以自卫，甚至可以执行护航任务。

• EA-18G 电子战飞机降落 •

战飞机

· EA-18G 电子战飞机在高空飞行·

· EA-18G 电子战飞机发射干扰弹·

· EA-18G 电子战飞机右侧视角·

美国 EF-111A "渡鸦" 电子

EF-111A"渡鸦"（Raven）是美国通用动力公司和格鲁曼公司以 F-111A"土豚"战斗轰炸机为基础研制的一款电子战飞机，1983 年开始服役，美国空军共采购了 42 架。1998 年，EF-111A 电子战飞机退出现役。

EF-111A 电子战飞机的机身和发动机与 F-111A 战斗轰炸机基本相同，但加强了垂尾，在垂尾翼尖上有电子对抗短舱。另外，还修改了武器舱，加装了机身腹部下舱。EF-111A 电子战飞机的电源系统改用 2 台功率为 90 千瓦的发电机，空调系统也有所改进。该机的主要机载设备包括 AN/ALQ-99E 电子干扰系统、AN/APQ-160 攻击雷达、AN/APQ-110 地形跟踪雷达、AN/ARN-52"塔康"导航系统、AN/AJQ-20A 惯性导航系统、AP/ALQ-137 电子对抗自卫系统、AN/ALR-62 终端威胁告警系统、AN/ALR-123 雷达干扰接收系统等。与 EA-6B 电子战飞机相比，EF-111A 电子战飞机更适合于承担直接支援任务，其飞行速度较快，活动半径更大。

• EF-111A 电子战飞机俯视图 •

• EF-111A 电子战飞机在高空飞行 •

• 停放在跑道上的 EF-

战飞机

· 1A 电子战飞机 ·   · EF-111A 电子战飞机准备起飞 ·

美国 EC-130H "罗盘呼叫"

EC-130H "罗盘呼叫"（Compass Call）电子战飞机是美国空军装备的专用于干扰敌方通信的电子战飞机，由 C-130 "大力神"运输机改装而来。该机于 1982 年 4 月开始服役，美国空军一共装备了 18 架。截至 2019 年 1 月，EC-130H 电子战飞机仍然在役。

EC-130H 电子战飞机采用上单翼、四发动机的机身布局，机身为铝合金半硬壳式结构。该机的主起落架舱也设计得很巧妙，起落架收起时处在机身左右两侧旁凸起的流线型舱室内。与 C-130 运输机相比，EC-130H 电子战飞机在外形上的主要变化是机身外部增加了几个大型刀形天线和下垂天线。EC-130H 电子战飞机的主要电子设备包括 AN/ALQ-62 侦察告警系统、SPASM 干扰系统、AN/APQ-122 多功能雷达、AN/APN-147 多普勒雷达、AN/AAQ-15 红外侦察系统，AN/ARN-52 "塔康"导航系统等。该机的干扰距离远，可在距目标区 120 千米以外对通信设备进行干扰，既能达到干扰目的，又可保证本机安全。

• EC-130H 电子战飞机俯视图 •

电子战飞机

· EC-130H 电子战飞机在高空飞行 ·

· EC-130H 电子战飞机仰视图 ·

· EC-130H 电子战飞机侧后方视角 ·

CHAPTER 06

直升机

直升机的优点是可以做低空（离地面数米）、低速（从悬停开始）和机头方向不变的机动飞行，特别是可以在小面积场地垂直起降，因而具有广阔的军事用途及发展前景。

美国 AH-64"阿帕奇"武装

AH-64 是休斯直升机公司研发的一款武装直升机,绰号"阿帕奇"(Apache)。20 世纪 70 年代初,美国陆军提出了"先进技术武装直升机"(AAH)计划。休斯的 YAH-64 原型机于 1975 年 9 月首次试飞,1976 年 5 月竞标获胜,1981 年正式被命名为"阿帕奇",1984 年 1 月第一架生产型交付美军。

AH-64 采用半硬壳结构机身,前方为纵列式座舱,副驾驶员/炮手在前座,驾驶员在后座。该机的主要武器为 1 门 30 毫米 M230"大毒蛇"链式机关炮,另有 4 个武器挂载点可挂载 AGM-114、AIM-92、AGM-122、AIM-9、BGM-71 等导弹,以及火箭弹等武器。AH-64 旋翼的任何部分都可以抵御 12.7 毫米子弹,机身表面的大部分部位在被 1 发 23 毫米炮弹击中后,仍能继续飞行 30 分钟。AH-64 采用 2 台通用动力 T700-GE-701 发动机,单台功率 1265 千瓦。

■ AH-64 直升机右侧视角

直升机

■ AH-64 直升机做出高难度机动动作

■ 在低空飞行的 AH-64 直升机

美国 AH-1 "眼镜蛇" 武装

AH-1 是贝尔直升机公司研制的美国第一代武装直升机，绰号"眼镜蛇"。AH-1 于 1965 年 9 月首飞，1967 年 6 月开始服役。最初使用的编号为 UH-1H，之后改用武装直升机的专用编号 AH-1。AH-1 系列被许多国家采用，经久不衰并几经改型。

AH-1 机身为窄体细长流线型，座舱为纵列双座布局，射手在前座，驾驶员在后座。AH-1 的座椅、驾驶舱两侧及重要部位都有装甲保护，自密封油箱能承受 23 毫米机炮的射击。AH-1 的主要武器为 1 门 20 毫米 M197 三管机炮（备弹 750 发），4 个武器挂载点可按不同配置方案选挂 BGM-71 "拖"式、AIM-9 "响尾蛇"和 AGM-114 "地狱火"等导弹，以及不同规格的火箭发射巢和机枪吊舱等。

直升机

俄罗斯卡-50"黑鲨"武装

卡-50"黑鲨"是卡莫夫设计局研制的一款单座武装直升机。卡-50于1982年7月首次试飞,1992年底获得初步作战能力,1995年8月正式服役。该机是目前唯一一种单人操作的武装直升机,现已被选作俄罗斯新一代反坦克直升机。卡-50是世界上第一架采用单人座舱、同轴反转旋翼,有弹射救生座椅的武装直升机。两具同轴反向旋翼装在机身中部,每具3片旋翼。卡-50的主要武器为1门30毫米2A42型航炮,另有4个武器挂载点可挂载16枚AT-9反坦克导弹或80枚80毫米S8型空对地火箭。卡-50是第一架像战斗机一样配备了弹射座椅的直升机,飞行员利用此装置逃生只需要短短2.5秒。动力装置为2台TB3-117涡轮轴发动机,每台功率1640千瓦。

·卡-50直升机左侧视角·

·停放在基地中的卡-50直升机·

直升机

• 卡-50直升机编队飞行 •

■ 卡-50直升机在低空飞行

俄罗斯卡-52"短吻鳄"武装

卡-52"短吻鳄"是卡莫夫设计局在卡-50基础上改进而来的武装直升机。在20世纪末,为了更好地发挥作战能力,卡-50非常需要一个能为其提供战场情报、进行协调与控制的保障机。这样,能够提供各种情报、进行战场控制的双座型卡-52"短吻鳄"武装直升机也就应运而生了。

卡-52最显著的特点是采用并列双座布局的驾驶舱,而非传统的串列双座。卡-52有85%的零部件与已经批量生产的卡-50直升机通用。卡-52配备有1门不可移动的23毫米机炮,短翼下的4个武器挂架可挂载12枚超音速反坦克导弹,也可安装4个火箭发射巢。为了消灭远距离目标,卡-52还可挂X-25MJI空对地导弹或P-73空对空导弹等。该机的动力装置为2台TB3-117 BMA涡轮轴发动机,单台功率为1618千瓦。

直升机

欧洲"虎"式武装直升机

"虎"式 (Tiger) 武装直升机是由欧洲直升机公司研制的一款武装直升机。"虎"式武装直升机于1984年开始研制,1991年4月原型机首飞,1997年首批交付法国。目前,德国和法国分别订购了80架,澳大利亚订购了22架,西班牙则订购了24架。

"虎"式武装直升机机身较短、大梁短粗。座舱为纵列双座,驾驶员在前座,炮手在后座。机体广泛采用复合材料,隐身性能较佳。该机采用全复合材料轴承的4桨叶无铰旋翼系统,尾桨为3叶。"虎"式武装直升机装有1门30毫米机炮,另可搭载8枚"霍特2"或新型PARS-LR反坦克导弹、4枚"毒刺"或"西北风"红外寻的空对空导弹。此外,还有2台22发火箭吊舱。动力装置为2台劳斯莱斯MTU MTR390涡轮轴发动机,每台功率为873千瓦。

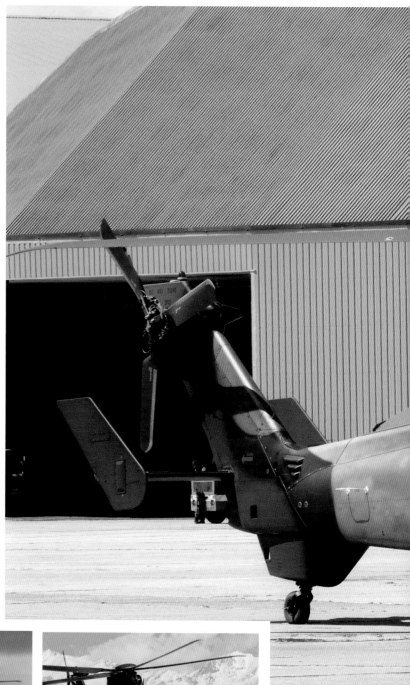

英国 AW 159 "野猫" 武装

　　AW 159 "野猫"(Wildcat)是韦斯特兰公司在"山猫"基础上研制的新型武装直升机。21 世纪初，斯特兰公司在"山猫"系列直升机的设计经验基础上研制出了新一代武装直升机，即 AW 159 "野猫"直升该机于 2009 年 11 月首飞，2012 年 7 月开始交付。2013 年 1 月，韩国海军也采购了 8 架 "野猫"直升

　　"野猫"武装直升机大多数零部件是全新设计的，仅有 5% 的零部件可与"山猫"直升机通用。在外形方"野猫"直升机的尾桨经过重新设计，耐用性更强，隐身性能也更好。"野猫"武装直升机采用 2 台 LH CTS800 涡轮轴发动机，单台功率为 1016 千瓦。该直升机的主要武器为 FN MAG 机枪(陆军版)、CRV 导火箭弹和泰利斯公司的轻型多用途导弹。海军版装配备有勃朗宁 M2 机枪，还可搭载深水炸弹和鱼雷。

直升机

俄罗斯米-24"雌鹿"武装

米-24是米里设计局研制的苏联第一代专用武装直升机。米-24于1969年首次试飞,1972年底投入生产,1973年正式开始装备部队使用。除了俄罗斯,米-24还曾出口到30多个国家。米-24拥有丰富的作战经验。

米-24机身为全金属半硬壳式结构,驾驶舱为纵列式布局。后座比前座高,驾驶员视野较好。主舱设有8个可折叠座椅,或4个长椅,可容纳8名全副武装的士兵。该机的主要武器为1挺12.7毫米"加特林"四管机枪,另设有4个武器挂载点可挂载4枚AT-2"蝇拍"反坦克导弹或128枚57毫米火箭弹。此外,该机还可挂载1500千克化学或常规炸弹,以及其他武器。米-24的机身装甲很强,可以抵抗12.7毫米子弹的攻击。

直升机

CHAPTER 06 直升机

美国 UH-1 "伊洛魁"通用

UH-1 是贝尔直升机公司研发的一款通用直升机，绰号"依洛魁"(Iroquois)。美国陆军于 1954 年提出招标，1955 年 2 月选中贝尔直升机公司的方案，公司内部代号定为贝尔 204，军方初期代号为 H-40。该机于 1956 年 10 月首次试飞，1959 年 6 月开始交付美国空军使用，并被命名为 HU-1"依洛魁"，1963 年改用 UH-1 编号。

UH-1 采用单旋翼带尾桨形式，扁圆形的机身前部是一个座舱，可乘坐正副飞行员（并列）及乘客多人，机身后上部是 1 台莱卡明 T53 系列涡轮轴发动机及其减速传动箱，其驱动直升机上方有 2 枚桨叶组成的半刚性跷跷板式主旋翼。UH-1 的起落架是十分简洁的两根杆状滑橇。机身左右开有大尺寸舱门，便于人员及货物的上下。该机的常见武器为 2 挺 7.62 毫米 M60 机枪，加上 2 台 7 发（或 19 发）91.67 毫米火箭吊舱。

· UH-1 直升机准备着陆 ·

· 美国陆军装备的 UH-1 直升机 ·

· 日本自卫队装备的 UH-1 直升机 ·

直升机

· UH-1直升机在高空飞行 ·

美国 SH-2 "海妖" 通用

SH-2 是卡曼公司为美国海军研制的一款通用直升机，绰号"海妖"(Seasprite)。"海妖"直升机于 1959 年 7 月 2 日首次试飞，1962 年 12 月开始服役。到 1993 年底，仅有 SH-2F 型、SH-2G 型还在服役。其中 SH-2G 型是"海妖"系列最后一种改进型，被称为"超海妖"。

SH-2 的机身为全金属半硬壳式结构，具备防水功能。机头整流罩可以从中线分开向后折叠到两侧，以便减小直升机存放时所需要的机库空间。该机有 3 名机组人员，由驾驶员、副驾驶员/战术协调员和探测设备操作员组成。SH-2 可携带 1～2 枚 MK46 或 MK50 鱼雷。每侧舱门外可安装 1 挺 7.62 毫米机枪。动力装置为 2 台通用电气公司的 T700-GE-401 涡轮轴发动机，并列安装在旋翼塔座两侧，单台功率为 1285 千瓦。

■ SH-2 通用直升机左侧视角

直升机

CHAPTER 06 直升机

美国 SH-3 "海王" 通用直升机

SH-3 是西科斯基公司研制的一款中型通用直升机，绰号"海王"(Sea King)。"海王"原型机于 1959 年 3 月进行首次试飞，1961 年 6 月交付海军评估，1961 年 9 月被命名为 SH-3"海王"直升机并开始在美国海军服役。1962 年 11 月，正式被美国空军采用，编号为 CH-3B。

"海王"直升机在机身的顶部并列安装了 2 台功率为 919 千瓦的 T58-GE-8B 型涡轮轴发动机，旋翼和尾桨都为 5 片。机身为矩形截面、船身造型，能够随时在海面降落。机身左右两侧各设一具浮筒以增加横侧稳定性，后三点式起落架能够收入浮筒及机身尾部。机舱内可以放搜索设备或人员物资，机身侧面设有大型舱门以方便装载，外吊挂能力高达 3630 千克。"海王"直升机的任务装备非常广泛，典型的为 4 枚鱼雷，4 枚水雷或 2 枚"海鹰"反舰导弹。

美国 AH-6 "小鸟" 武装直升机

AH-6 是休斯直升机公司研制的一款武装直升机，绰号"小鸟"。在 1966 年 9 月，被命名为"印地安种小马"的休斯 OH-6A 开始交付。20 世纪 70 年代后期，为使轻型直升机也能具备一定强度的火力打击能力，休斯又在 OH-6A 的基础上发展出了 AH-6 武装直升机和 MH-6 轻型突击直升机，两者均被美国陆军称为"小鸟"。

作为一款轻型攻击平台，AH-6 机身左侧安装有 XM27E/M134 "加特林"机枪，机身右侧装有 M260 七管 69.85 毫米折叠式尾翼空射火箭舱。AH-6 全身以无光黑色涂料涂装，便于借着黑夜的掩护执行特战任务。为了便于运输，AH-6 的尾梁可以折叠。在机舱内可选装油箱，容量为 110 升或 236 升。AH-6 系列的发动机有多种不同型号，如 AH-6C 的 308 千瓦"埃尔森"T63-A-720 发动机、AH-6M 的 478 千瓦 250-C30R/3M 发动机。

·AH-6直升机在低空飞行·

·AH-6直升机起飞·

·美军基地中的AH-6直升机·

美国 CH-46 "海骑士" 运输

CH-46 是波音公司研制的一款双发运输直升机，绰号"海骑士"(Sea Knight)。CH-46 直升机于 1962 年 8 月首次试飞，1964 年开始服役。自越南战争以来，CH-46 几乎参加了美军所有大型军事行动。加拿大也使用了"海骑士"，并将其命名为 CH-113。其他对外出口的客户包括日本、瑞典和沙特阿拉伯等国。

CH-46 "海骑士"直升机是美国海军装备过的直升机中体形较大的一种，独特的前后纵列式螺旋桨设计大大改善了该机的飞行性能，在各方向上的可操控性均比以往机型优秀。另外，这项设计也提高了 CH-46 的安全性能。CH-46 安装有 2 台通用电气 T58-GE-16 发动机，每台功率为 1400 千瓦。该机的任务是将作战部队、支援设备和补给品迅速从两栖攻击登陆舰或已建成的机场中运送到简易的前方基地上。

直升机

美国 CH-47 "支奴干" 运输

CH-47 是波音公司研制的双发中型运输直升机,绰号"支奴干"(Chinook)。20世纪50年代末,波音公司根据美国陆军发布的中型运输直升机招标书,发展出了 CH-46 "海骑士"直升机,其放大的改进版本便是后来的 CH-47 "支奴干"直升机。1963年,CH-47A 开始装备美军,后又发展了 B、C、D 型。目前,"支奴干"系列仍在进行现代化改装。

CH-47 具有全天候飞行能力,可在恶劣的高温、高原气候条件下完成任务。该机可进行空中加油,具有远程支援能力。部分型号机身上半部分为水密隔舱式,可在水上起降。该机运输能力强,单次可运载 33~35 名武装士兵,或运载 1 个炮兵排,还可吊运火炮等大型装备。即使 CH-47 的玻璃钢桨叶被 23 毫米穿甲燃烧弹和高爆燃烧弹射中后,它仍能安全返回基地。

直升机

美国 CH-53 "海上种马"

CH-53 是西科斯基公司研制的一款重型突击运输直升机,绰号"海上种马"。CH-53 于 1962 年 8 月开始研制,1964 年 10 月首次试飞,1966 年 6 月开始交付使用。CH-53 常被布置在两栖攻击舰上,是美国海军陆战队从舰到陆的重要突击力量。目前,CH-53 和 CH-46 正逐步由 V-22"鱼鹰"倾斜旋翼机替代。

CH-53 采用 2 台通用电气 T64-GE-413 涡轮轴发动机,单台功率为 2887 千瓦。单一主旋翼加尾桨的普通布局,机舱呈长立方体形状,剖面为方形,有多个侧门和一个大型放倒尾门以方便装卸工作。主旋翼采用 6 片全铰接式铝合金桨叶,并可以折叠。尾桨由 4 片铝合金桨叶组成。驾驶舱可容纳 3 名空勤人员,座舱可容纳 37 名全副武装士兵或 24 副担架,外加 4 名医务人员。CH-53 是美军少数能在低能见度条件下借助机上设备在标准军用基地自行起降的直升机之一。

• 德国国防军装备的 CH-53 直升机 •

• CH-53 直升机仰视图 •

• CH-53 直升机吊运轮式装甲 •

运输直升机

• CH-53 直升机右侧视角 •

美国 OH-58 "奇欧瓦" 轻型

OH-58 是贝尔直升机公司研制的轻型直升机,绰号"奇欧瓦"(Kiowa)。20 世纪 60 年代初,贝尔公司研制出 206 型直升机,为了满足军方对于轻型侦察直升机的要求,在对 206 型改进后,OH-58 直升机正式诞生。其中 OH-58A、OH-58B、OH-58C 为侦察直升机,OH-58D 为武装版。

OH-58 安装有滑橇式起落架,舱内有加温和通风设备。OH-58D 改用了 4 叶复合材料主旋翼,机动性有所增强,振动减小,可操控性提高。OH-58D 可以同时搭载下列四种武器中的两种:2 发 AGM-114 导弹、2 发 AIM-92 导弹、70 毫米 Hydra70 火箭、12.7 毫米 M2 重机枪。此外,OH-58D 机身两侧还有全球直升机通用挂架(UWP)。OH-58D 还装有桅顶瞄准具,能提供非常好的视界。

• OH-58 直升机侧后方视角 •

• OH-58 直升机侧前方视角 •

直升机

· OH-58直升机左侧视角 ·

■ OH-58直升机在低空飞行

美国 UH-60 "黑鹰" 通用

UH-60 是西科斯基公司研制的通用直升机，绰号"黑鹰"。1972 年，为了替换老旧的 UH-1"伊洛魁"直升机，美国陆军展开了"通用战术运输机系统"(UTTAS) 计划，西科斯基的 YUH-60A 于 1976 年 12 月赢得了合同并定型为 UH-60"黑鹰"直升机。1979 年，UH-60 进入美国陆军服役。

与 UH-1 直升机相比，UH-60 大幅提升了部队容量和货物运送能力。在多数天气情况下，3 名机组成员中的任何一个都可以操纵飞机运送全副武装的 11 人步兵班。拆除 8 个座位后，可以运送 4 副担架。此外，该机还有一个货运挂钩可以执行外部吊运任务。UH-60 通常装有 2 挺机枪，1 具 19 联装 70 毫米火箭发射巢，还可发射 AGM-119"企鹅"反舰导弹和 AGM-114"地狱火"空对地导弹。

■ UH-60 直升机仰视图

直升机

美国 SH-60 "海鹰" 中型

SH-60 是西科斯基公司研制的一款中型舰载直升机，绰号"海鹰"(Seahawk)。20 世纪 70 年代末，西科斯基公司依照美国海军的需求重新打造了 UH-60 "黑鹰"，以替代老化的 SH-2 "海妖"。1979 年 12 月，SH-60 "海鹰"首次试飞。1983 年 4 月，该机的生产型开始交付使用。

SH-60 与 UH-60 有 83% 的零部件是通用的。由于海上作战的特殊性，SH-60 的改进比较大，机身蒙皮经过特殊处理，以适应海水的腐蚀。此外，SH-60 还增加了旋翼刹车系统和旋翼自动折叠系统，直升机尾部的水平尾翼也可以折叠。SH-60 的主要反潜武器为 2 枚 MK46 声自导鱼雷，但在执行搜索任务时，可以将这 2 枚鱼雷换成两个容量为 455 升的副油箱。该机使用 T700-GE-401 发动机，后期又改装了新型 T700-GE-401C 发动机。

直升机

美国 ARH-70 "阿拉帕霍"

ARH-70 是贝尔直升机公司研制的一款武装侦察直升机，绰号"阿拉帕霍"(Arapaho)。2006年7月20日，4架 ARH-70 原型机中的第一架进行了试飞。2008年，由于研发进度的延误和资金的不断上涨，美国陆军最终取消了该计划。

ARH-70 采用了单旋翼带尾桨式布局，旋翼采用4片全复合材料桨叶，尾桨位于尾梁末端左侧，采用了两片桨叶。ARH-70 装有1挺7.62毫米 GAU-17 或12.7毫米 GAU-19 机枪，机身两侧各装有1个悬臂式武器挂架，可以根据作战需要挂载各种轻型武器，如7联装70毫米火箭发射巢、双联装"海尔法"导弹发射架、双联装"毒刺"导弹发射架等。ARH-70 装有1台霍尼韦尔 HTS900 涡轮轴发动机，功率为723千瓦。

武装侦察直升机

美国 S-97 "侵袭者" 武装

S-97 "侵袭者"（Raider）是西科斯基公司研制的一款新型武装直升机，在直升机领域具有划时代意义。由于 OH-58D "奇欧瓦战士" 侦察直升机的老化，美国陆军需要购买数百架新式侦察/攻击直升机进行替换。2010 年 10 月，西科斯基公司正式启动 S-97 "侵袭者" 直升机的研究项目。

S-97 最大限度地保留了直升机的优点，还弥补了直升机的先天缺陷，在飞行速度、安静性等方面大幅超越了传统的军用直升机，并具备火力打击和运兵双重能力。S-97 采用共轴对转双螺旋桨加尾部推进桨的全新设计，能以超过 370 千米/时的速度巡航，执行突击任务时其速度能进一步提升到 400 千米/时。S-97 另类的尾桨设计能够确保直升机具备非常出色的静音性，打破以往直升机无法有效进行偷袭行动的局面。

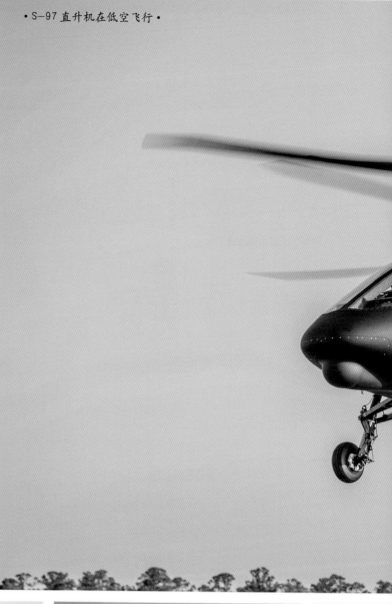

• S-97 直升机在低空飞行 •

• S-97 直升机左侧视角 •

• 停放在基地中的 S-97 直升机 •

• S-97

直升机

CHAPTER 06 直升机 237

俄罗斯米-26"光环"通用

米-26是米里设计局研制的一款重型运输直升机，北约代号"光环"(Halo)。米-26在20世纪70年代初开始方案论证，原型机于1977年12月首次试飞。1981年6月，米-26的预生产型在巴黎航空展览会上首次公开展出，1982年开始研制军用型。1983年，米-26交付使用，1986年6月开始出口到印度。

米-26是第一架旋翼叶片达8片的重型直升机，有2台发动机并实施载荷共享。它的整机重量只比米-6略重一点，却能吊运20吨的货物。米-26货舱空间巨大，如用于人员运输可容纳80名全副武装的士兵或60张担架床及4～5名医护人员。货舱顶部装有导轨并配有两个电动绞车，起吊重量为5吨。米-26具备全天候飞行能力，可以远离基地到完全没有地勤和导航保障条件的地区独立作业。

直升机

俄罗斯米-28"浩劫"武装

米-28是米里设计局研制的一款单旋翼带尾桨全天候专用武装直升机。米-28于1972年开始设计，1982年11月首飞。1989年，米-28在法国的国际航空展首次亮相，其显示出了AH-64所没有的优异机动性能。

米-28是世界上唯一的全装甲直升机，其强调飞行人员的存活率。机身为全金属半硬壳式结构，驾驶舱为纵列式布局，四周配有完备的钛合金装甲。前驾驶舱为领航员/射手，后驾驶舱为驾驶员。座椅可调高低，能吸收撞击能量。旋翼系统采用半刚性铰接式结构，桨叶为5片。米-28的主要武器为1门30毫米机炮，另有4个武器挂载点可挂载16枚AT-6反坦克导弹，或40枚火箭弹(2个火箭巢)。其动力装置为2台克里莫夫设计局TV3-117发动机，单台功率为1640千瓦。

· 米-28直升机左侧视角 ·

直升机

俄罗斯米-35"雌鹿E"武装

米-35是俄罗斯米里设计局研制的一款中型通用直升机，北约代号"雌鹿E"。米-35实际上是米-24V"雌鹿E"直升机的出口版，而米-24V是米-24系列中产量最大的版本。米-35的其他型号还包括：米-35M(出口夜战版)、米-35P(米-24P出口版)、米-35U(教练机版)。其中米-35M于2004年上半年首飞，堪称米-35系列中性能最优秀的一款机型。

米-35采用5片矩形桨叶旋翼，垂尾式尾斜梁，尾桨为3片桨叶。米-35可执行多种任务，突出特点是有一个可容纳8名人员的货舱，最大起飞重量超出米-8武装型1倍。武器系统包括超音速反坦克导弹、23毫米机炮以及火箭弹、机枪和枪榴弹等。米-35M改装了米-28的旋翼、尾桨和传动系统，全机重量减轻300千克，发动机输出推力增大300千克。

直升机

俄罗斯卡-27"蜗牛"反潜

卡-27是卡莫夫设计局为俄罗斯海军设计的反潜直升机。卡-27的设计工作始于1970年,第一架原型机于1973年12月首次试飞。该机的研发目的是取代已服役10年之久的卡-25,目前在俄罗斯、乌克兰、越南、韩国和印度等国均有使用。

卡-27机身采用传统的半硬壳式结构,机身两侧带有充气浮筒,紧急情况下可在水上降落。为适应在海上使用,机身材料采用了抗腐蚀金属。由于共轴双旋翼的先进性能,卡-27的升重比高,整体尺寸小,机动性好,易于操纵。此外,卡-27的零件要比传统上的直升机少1/4,且大多数与俄罗斯陆基直升机相同。卡-27配有1枚406毫米自导鱼雷、1枚火箭弹、10枚PLAB 250-120炸弹和2枚OMAB炸弹。该机的动力装置为2台TV3-117V涡轮轴发动机,单台功率为1660千瓦。

直升机

俄罗斯卡-60"逆戟鲸"直升机

卡-60"逆戟鲸"（Kasatka）是卡莫夫设计局研制的一款多用途直升机。卡-60 于 1990 年开始制造原型机，1998 年 12 月 24 日首次飞行。目前，该机的主要型别包括：卡-60、卡-60U、卡-60K、卡-60R。卡-60 计划大量出口，主要供东欧国家使用。此外，卡-60 机型还衍生出了卡-62 机型。

卡-60 采用 4 片桨叶旋翼和涵道式尾桨布局，可收放式起落架。驾驶舱内有 2 名驾驶员。座舱可搭载 12～14 名乘客，载人专机布局时可安装 5 个座椅。该机早期型号的动力装置为 2 台诺维科夫设计局 TVD-1500 涡轮轴发动机，单台功率为 970 千瓦。后期的卡-60R 改装为 2 台劳斯莱斯 RTM322 涡轮轴发动机，单台功率为 1395 千瓦。

·卡—60直升机参加航展·

欧洲 NH90 通用直升机

NH90 是法国、德国、意大利和荷兰共同研制的一款中型通用直升机。NH90 于 1995 年 11 月首飞，2000 年 6 月开始批量生产。目前，NH90 已装备法国、德国、意大利、荷兰、葡萄牙、挪威、芬兰和瑞典等国的陆军。

NH90 的机身由全复合材料制成，隐形性好，抗冲击能力较强。该机采用的 4 片桨叶旋翼和无铰尾桨也是由复合材料制成，可抵御 23 毫米炮弹攻击。NH90 机体有足够的空间装载各种海军设备，或安排 20 名全副武装士兵的座椅。通过尾舱门跳板还可运载 2 吨级战术运输车辆。该机的动力装置为 2 台 RTM322-01/9 涡轮轴发动机，单台功率为 1600 千瓦。NFH90 还可携带反舰导弹执行反舰任务，或为其他平台发射的反舰导弹实施导引或中继。

欧洲 EH 101"灰背隼"通用

EH 101"灰背隼"是英国、意大利联合研制的一款通用直升机。EH 101 于 1980 年 1 月开始进行全面的研制工作，1984 年 3 月签订了设计与发展合同。1994 年 11 月取得英国和意大利两国的民用适航证书，并同时获得美国联邦航空局的适航批准。

"灰背隼"的机身结构由传统材料和复合材料构成，设计上尽可能采用多重结构式设计，主要部件在受损后仍能起作用。该机具有全天候作战能力，可用于运输、反潜、护航、搜索救援、空中预警和电子对抗等。各型"灰背隼"直升机的机身结构、发动机、基本系统和航空电子系统基本相同，主要的不同在于执行不同任务时所需的特殊设备。执行运输任务时，EH 101 可装载 2 名飞行员和 35 名全副武装的士兵，或者 16 副担架外加一支医疗队。

直升机

英法 SA 341/342 "小羚羊"

SA 341/342 "小羚羊"(Gazelle)直升机是由原法国国营航宇工业公司和英国韦斯特兰公司共同研制的一款轻型直升机。SA 341/342 "小羚羊"的研制计划最初由法方提出，旨在取代"云雀Ⅱ"直升机。"小羚羊"自1964年开始设计，第一架原型机在1967年4月首飞。该机曾出口到40多个国家，产量较高。

"小羚羊"直升机机体大量使用了夹心板结构，座舱框架为轻合金焊接结构，安装在普通半硬壳底部机构上。该机采用3片半铰接式旋翼，可人工折叠。该机采用钢管滑橇式起落架，可加装机轮、浮筒和雪橇等。"小羚羊"直升机的主要武器包括1门20毫米机炮或2挺7.62毫米机枪，可携带4枚"霍特"反坦克导弹或2个70毫米或68毫米火箭吊舱。"小羚羊"直升机的动力装置为1台"阿斯泰阻"ⅩⅣM涡轮轴发动机，功率为640千瓦。

武装直升机

英法"山猫"通用直升机

"山猫"(Lynx)是英、法两国合作研制的一款通用直升机,有陆军型和海军型。"山猫"是英、法合作生产的3种直升机("美洲豹""小羚羊"和"山猫")之一。1971年3月,"山猫"原型机首次试飞。截至1990年1月,"山猫"各型总订购架数为380架。在总的生产架数中,英国韦斯特兰公司生产架数占70%,法国国营航宇工业公司占30%。

"山猫"的座舱为并列双座结构,采用4片桨叶半刚性旋翼和4片桨叶尾桨,旋翼桨叶可人工折叠,海军型的尾斜梁也可人工折叠。该机座舱可容纳1名驾驶员和10名武装士兵。舱内可载货物907千克,外挂能力为1360千克。"山猫"执行武装护航、反坦克和空对地攻击任务时,可以携带20毫米机炮,7.62毫米机枪,68毫米、70毫米或80毫米火箭弹和各种反坦克导弹。海军型直升机可携带鱼雷、深水炸弹或空对舰导弹。

英法"超级山猫"通用直升机

"超级山猫"(Super Lynx)双发通用直升机是"山猫"系列的后续发展机型。在20世纪90年代,"山猫"系列量产十余年后,英国韦斯特兰直升机公司又发展出了全天候通用型和舰载预警型,即"超级山猫"。起初,它只是在"山猫"的基础上加大了发动机功率,后来不断通过技术升级,发展出"超级大山猫"100型、200型和300型。

最新的"超级大山猫"300型装有"宝石"42型发动机,座舱内装备有6个电子飞行仪表系统显示屏以及新型导航系统和姿态航向基准系统,同时改进了通信设备。该机可容纳11名人员(包括2名机组成员),外部载重可达1.36吨。它配备有一套红外监视系统,用于对目标进行识别。此外,该型直升机还可装备4枚"海上大鸥"或2枚"企鹅"反舰导弹。

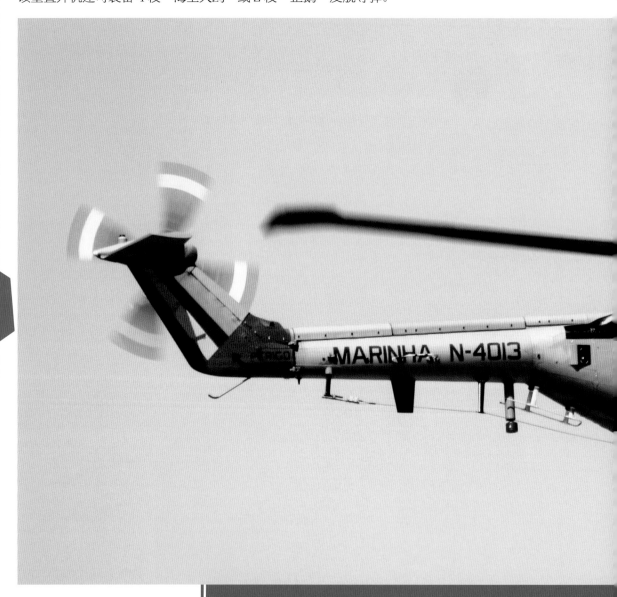

CHAPTER 06　直升机

法国 SA 321 "超黄蜂" 通用

SA 321 是法国国营航宇工业公司研制的一款通用直升机，绰号"超黄蜂"(Super Frelon)。SA 321 是根据法国军方的要求于 1960 年开始研制的，第一架原型机于 1962 年 12 月首次试飞。1963 年 7 月，SA 321 创造了多项直升机世界纪录。SA 321 自 1966 年开始交付到 1970 年停产，共生产了 105 架。

SA 321 采用普通全金属半硬壳式机身，船形机腹由水密隔舱构成。该机有 6 片桨叶旋翼，可液压操纵自动折叠。尾桨有 5 片金属桨叶，与旋翼桨叶结构相似。SA 321 驾驶舱内有正、副驾驶员座椅，具有复式操纵机构和先进的全天候设备。G 型 SA 321 可载 5 名乘员，配备有反潜探测、攻击、拖曳、扫雷和执行其他任务用的各种设备。H 型 SA 321 可运送 27～30 名士兵，内载或外挂 5000 千克货物，或者携带 15 副担架和 2 名医护人员。

直升机

法国 SA 330 "美洲豹" 通用

SA 330 是法国国营航宇工业公司研制的一款中型通用直升机，绰号"美洲豹"(Puma)。1963 年 1 月，法国国营航宇工业公司开始研制 SA 330 "美洲豹"直升机。1967 年，英国韦斯特兰公司加入研制行列，原型机于 1965 年 4 月 15 日首次试飞，1969 年春天开始服役。到了 1985 年初，已有 600 余架"美洲豹"销往 46 个国家。

SA 330 采用前三点固定起落架，旋翼为 4 叶，尾桨为 5 叶。该机可视任务要求搭载导弹、火箭，或在机身侧面与机头分别装备 20 毫米机炮及 7.62 毫米机枪。机身背部并列安装 2 台透博梅卡"透默"IVC 型涡轮轴发动机，最大功率为 1177 千瓦。机头为驾驶舱、飞行员为 1～2 名，主机舱开有侧门，可装载 16 名武装士兵或 8 副担架外加 8 名轻伤员，也可运载货物，机外吊挂能力为 3200 千克。

直升机

CHAPTER 06 直升机

法国 SA 532"美洲狮"通用

AS 532 是法国国营航宇工业公司研制的一款双发通用直升机,绰号"美洲狮"(Cougar)。1978 年 9 月,法国国营航宇工业公司研制的 AS 332"超级美洲豹"(Super Puma)通用直升机首飞成功,1981 年开始交付使用。1990 年,军用型改进后被重新命名为 AS 532"美洲狮"。

AS 532 的旋翼为 4 片全铰接桨叶,尾桨叶也是 4 片。该机的机载设备可根据不同的需要灵活调整。AS 532 陆/空型可安装 2 挺 20 毫米或 7.62 毫米机枪,海军型可安装 2 枚 AM39"飞鱼"反舰导弹或 2 枚轻型鱼雷。该机的动力装置为 2 台透博梅卡"马基拉"1A1 涡轮轴发动机,单台最大应急功率为 1400 千瓦,其进气道口安装有格栅,可防止冰、雪等异物进入。

· SA 532 直升机左侧视角 ·

· SA 532 直升机向上爬升 ·

· SA 532 直升机在沙地上

直升机

·SA 532直升机在高空飞行·

法国 SA 565 "黑豹" 通用

SA 565 是法国国营航宇工业公司在"海豚Ⅱ"的基础上发展而来的通用直升机，绰号"黑豹"(Panther)。原型机于 1984 年 2 月首次试飞，后来做了一些重大的改进，并于 1986 年 4 月首次公开展出生产型。SA 365K 于 1988 年开始交付，1990 年 1 月改称 SA 565 "黑豹"直升机。

SA 565 整个机体可承受以 7 米/秒的垂直下降速度的碰撞，燃油系统能经受 14 米/秒坠落速度的碰撞。为了降低红外辐射信号，机体涂了降低红外反射的涂料。该机装有 2 台透博梅卡 TM333-1M 涡轮轴发动机，每台功率为 680 千瓦。机身两侧的外挂架可携带 44 枚 68 毫米火箭，2 个 20 毫米机炮吊舱，或 8 枚"马特拉"空对空导弹。反坦克型 AS 565CA 还可搭载"霍特"导弹和舱顶瞄准具。

直升机

意大利 A129 "猫鼬" 武装

A129 是阿古斯塔公司研制的一款武装直升机，绰号"猫鼬"（Mangusta）。为了满足意大利陆军对轻型反坦克直升机的需求，阿古斯塔公司于 1978 年开始研制 A109A 直升机。但意大利军方认为 A109A 不能完全满足其要求，于是阿古斯塔公司研制了全新的 A129"猫鼬"直升机。1990 年 10 月 6 日，首批 5 架"猫鼬"交付意大利陆军。

A129 采用常规半硬壳式结构机身，纵列串列式座舱。该机有着完善的全昼夜作战能力，装有 2 台计算机控制的综合多功能火控系统，以及霍尼韦尔公司的前视红外探测系统。A129 在 4 个外挂点上可携带 1200 千克外挂武器，通常携带 8 枚"陶"反坦克导弹、2 挺机枪（机炮）或 81 毫米火箭发射舱。另外，A129 也有携带"毒刺"空对空导弹的能力。A129 采用 2 台劳斯莱斯 Gem 2 MK 1004D 发动机，每台额定功率为 772 千瓦。

直升机

南非 CSH-2"石茶隼"武装

CSH-2 是南非阿特拉斯公司研制的一款武装直升机，绰号"石茶隼"(Rooivalk)。CSH-2"石茶隼"武装直升机于 1984 年开始研制，1990 年 2 月首次试飞，1995 年投入使用。

CSH-2 的座舱和武器系统布局与美国 AH-64"阿帕奇"直升机很相似：机组为飞行员、射击员两人。纵列阶梯式驾驶舱使机身细长。后三点跪式起落架使直升机能在斜坡上着陆，增强了抗坠毁能力。2 台涡轮轴发动机安装在机身肩部，可提高抗弹性。该机采用了两侧短翼来携带外挂的火箭、导弹等武器。前视红外、激光测距等探测设备位于机头下方的转塔内，前机身下安装有外露的机炮。与"阿帕奇"直升机不同的是，CSH-2 的炮塔安装在机头前方下面，而不是在机身正下方。这个位置使得机炮向上射击的空间不受机头遮挡，其射击范围比"阿帕奇"直升机大得多。

直升机

CHAPTER 07

无人机

与载人飞机相比,无人机具有体积小、造价低、使用方便、对作战环境要求低、战场生存能力强等优点,备受世界各国军队的青睐。无人机的战场运用,揭开了以远距离攻击型智能化武器、信息化武器为主导的"非接触性战争"的新篇章。

美国 X-47A "飞马" 无人

X-47 是由诺斯洛普·格鲁曼公司研制的无人战斗机，绰号"飞马"。X-47A 于 2004 年 2 月首次试飞，其外形比较奇特，乍看上去和 B-2 轰炸机有一定的相似之处。之后，为了和波音 X-45C 进行竞争，诺斯洛普·格鲁曼公司又与洛克希德·马丁公司合作研制了 X-47B 无人机。

X-47B 无人机被设计为高度自动化的空战系统，能够执行全天候作战任务，该机的设计非常注重隐身性能和战场生存能力，并能携带各种传感设备和内部武器装备，能够满足联合作战网络作战的需求。X-47B 有无人驾驶、滞空时间长和作战半径大的特点，可使航母战斗群处于更安全的位置，也能深入内陆执行打击任务。不过，X-47B 最大的优势却是其卓越的隐身性能和突防能力，它拥有非常优异的雷达和低红外线可探测性，能够保证其突破敌方防空圈，从而为后续的有人驾驶战机打开通路。

战斗机

CHAPTER 07　无人机

美国 MQ-1 "捕食者" 无人

MQ-1 是通用原子技术公司研制的一款无人攻击机，绰号"捕食者"(Predator)。MQ-1 无人机自 1995 年服役以来，参加过阿富汗、波斯尼亚、塞尔维亚、伊拉克、也门和利比亚的战斗。2011 年 9 月，美国空军国民警卫队表示，尽管存在预算削减的困难，他们仍将继续操作 MQ-1 无人攻击机。

MQ-1 可在临时准备的地面上起飞升空，起降距离约 670 米，起飞过程由遥控飞行员进行视距内控制。在回收方面，MQ-1 可以采用软式着陆和降落伞紧急回收两种方式。MQ-1 可以在目标上空逗留 24 小时，对目标进行充分的监视，最大续航时间高达 60 小时。该机的侦察设备在 4000 米高度的分辨率为 0.3 米，对目标定位精度达到极为精确的 0.25 米。

攻击机

美国 MQ-9 "收割者" 无人机

MQ-9 是通用原子技术公司研发的一款长程作战无人机，绰号"收割者"(Reaper)。MQ-9 无人机于 2001 年首次试飞，2007 年开始服役。该机有海军型和陆军型两个型号，海军型编号为 MQ-8A，陆军型编号为 MQ-8B。

MQ-9 无人机被设计成主要为地面部队提供近距空中支援的攻击型无人机，此外，它还可以在危险地区执行持久监视和侦察任务。该机装备有先进的红外设备、电子光学设备，以及微光电视和合成孔径雷达，拥有不俗的对地攻击能力，并拥有卓越的续航能力，可在战区上空停留数小时之久。此外，MQ-9 无人机还可以为空中作战中心和地面部队收集战区情报，对战场进行监控，并根据实际情况开火。相比 MQ-1，MQ-9 无人机的动力更强，飞行速度可达 MQ-1 的 3 倍，而且拥有更大的载弹量。

■ MQ-9 无人机在高空飞行

· MQ-9 无人机仰视图 ·

·装有导弹的MQ-9无人机·

·MQ-9无人机准备起飞·

美国 RQ-170 "哨兵" 无人机

RQ-170 是洛克希德·马丁公司研制的一款隐形无人机，绰号"哨兵"(Sentinel)。在 21 世纪初，美国国防部决定研发一种隐形无人机，以避免涉密装备和机组成员落入其他国家。RQ-170 无人机正是在这种背景下诞生的，它由洛克希德·马丁公司著名的"臭鼬"工厂设计，与之前的一些隐形无人机在设计上有相似之处。RQ-170 于 2007 年开始服役，因在阿富汗的坎大哈国际机场首次露面，所以又被称为"坎大哈野兽"。

RQ-170 无人机沿用了"无尾飞翼式"的设计理念，外形与 B-2 隐形轰炸机相似，如同一只回旋飞镖。与 F-117A 隐形战斗机与 B-2 隐形轰炸机不同的是，RQ-170 的机翼并没有遮蔽排气装置，这样做的目的可能是为了避免敏感部件进入飞机平台后发生操作损失，并最终导致这样的技术误入他人之手。

■ RQ-170 无人机在高空飞行

• RQ-170 无人机前方视角 •

美国 X-37B 太空无人机

X-37B 是波音公司研制的世界上第一架既能在地球轨道上飞行，又能进入大气层飞行的无人航空器。1998 年，美国国家航空航天局的马歇尔研究中心提出了 Future-X 计划，其结果就是 X-37A。2006 年 11 月，美国空军宣布将在 X-37A 的基础上发展 X-37B。2010 年 4 月 22 日，X-37B 进行首次地球轨道试验。

X-37B 的发射方式多种多样，它不但能够被安装在"宇宙神"火箭的发射罩内发射，也可以从佛罗里达州的卡纳维拉尔角起飞。X-37B 太空无人机在绕地球飞行之后，能够自行在美国加利福尼亚州降落，它可以使用范登堡空军基地长 4600 米、宽 61 米的跑道着陆，该基地也是航天飞机的紧急着陆场。另外，它还可以在爱德华兹空军基地着陆。

美国 RQ-3 "暗星" 无人侦察机

RQ-3 是波音公司和洛克希德公司研制的一款无人侦察机，绰号"暗星"(Dark Star)。美国国防部于 1993 年 5 月公布了无人驾驶飞机的总体规划，其中包括发展一种综合、有效、全面的无人驾驶侦察机，用以满足 21 世纪作战的需要。RQ-3 无人侦察机的论证工作于 1994 年 6 月完成，研制工作的主要任务由波音公司和洛克希德公司承担。

RQ-3 采用了无尾翼身融合体设计，外形奇特，机翼的平面形状基本上为矩形。发动机为 FJ44 涡轮风扇发动机，进气口在机头上方，后机身下部是尾喷口。RQ-3 具备自主起飞、自动巡航、脱离和着陆的能力，能够在飞行中改变飞行程序，从而执行新的任务。RQ-3 装备的侦察设备包括合成孔径雷达和电光探测器，具有探测范围大和通用性好的特点。该机的续航能力为 8 小时，其监视覆盖面积高达 48 000 平方千米。

■ RQ-3 无人机仰视图

RQ-3无人机俯视图

美国 RQ-4 "全球鹰" 无人

RQ-4是诺斯洛普·格鲁曼公司研制的一款无人侦察机,绰号"全球鹰"(Global Hawk)。RQ-4于1995年开始研制,1998年2月28日首次飞行,1999年6月到2000年6月是RQ-4在美军组织下的部署和评估阶段。RQ-4是第一架得到FAA认证可以在美国民航机空域飞行的无人机。

RQ-4可以提供后方指挥官综观战场或细部目标监视的能力。它配备的高分辨率合成孔径雷达(SAR)可以看穿云层和风沙,还有光电红外线模组(EO/IR)提供长程长时间全区域动态监视,白天监视区域超过100000平方千米。例如要监视像洛杉矶一样大的城市,可以从美国缅因州遥控RQ-4,拍摄370千米×370千米区域的洛杉矶市区24小时,然后悠闲地飞回家。RQ-4还可以进行波谱分析的谍报工作,提前发现全球各地的危机和冲突,也能帮忙导引空军的导弹轰炸,使误击率降低。

侦察机

美国 MQ-5 "猎人" 无人侦察机

MQ-5 是美国陆军现役的一款无人侦察机，绰号"猎人"(Hunter)。1989 年，美国陆军、海军和海军陆战队联合开展了一项无人驾驶航空器的计划。1993 年，美国汤姆森·拉莫·伍尔德里奇公司(TRW)和以色列航空工业公司(IAI)获得了小批量试生产 7 架 RQ-5 系统的合同。1996 年该计划被取消，随后又恢复，名称被改为 MQ-5。

MQ-5 搭载的侦察设备主要为 IAI 开发的多功能光电设备(MOSP)，包括电视和前视红外(FLIR)，具备昼夜侦查能力。在"马其顿行动"中，MQ-5 装备的是白昼电视摄像机配备的弹着观察器和第三代前视红外。此外，该无人机还装备了 1 具激光指向器和多种通信系统，以及诺斯洛普·格鲁曼公司研制的通信干扰、通信告警接收机和雷达干扰机等电子对抗设备。

·MQ-5无人机仰视图·

·MQ-5无人机起飞·

■ MQ-5无人机在高空飞行

美国 MQ-8 "火力侦察兵"

MQ-8 是诺斯洛普·格鲁曼公司研制的一款垂直起降无人机,绰号"火力侦察兵"(Fire Scout)。美国海军于 1998 年 11 月提交了发展舰载垂直起降战术无人机的作战需求文件,并于 1999 年 8 月开始招标。美国海军通过该计划发展出了 RQ-8A 无人机,后来又研制出了性能更加强大的 RQ-8B。2005 年,RQ-8B 的编号被改为 MQ-8B。

MQ-8B 可在战时迅速转变角色,执行包括情报、侦察、监视、通信中继等在内的多项任务。同时,这种做法还为今后进行升级改造预留了充足的载荷空间。MQ-8B 还具备挂载"蝰蛇打击"智能反装甲滑翔弹和"九头蛇"低成本精确杀伤火箭的能力,将来可能还会使用"地狱火"导弹和以色列拉斐尔公司的"长钉"导弹。

· MQ-8 无人机仰视图 ·

· 仰视 MQ-8 无人机 ·

无人机

■ 停放在甲板上的 MQ-8 无人机

美国"复仇者"无人战斗机

"复仇者"(Avenger)是通用原子技术公司研制的一款隐身无人战斗机。"复仇者"是在MQ-9"收割者"无人机的基础上研制而成，是为美国未来空战需求而开发的一款新型无人机。"复仇者"最初的研制代号为"捕食者C"(Predator C)，原型机于2009年4月进行了首次试飞。

"复仇者"体积庞大，可搭载1.36吨的有效载荷，发动机为推力高达21.3千牛的普惠PW545B喷气发动机。该发动机可以让"复仇者"的飞行速度达到"捕食者"的3倍以上。"复仇者"有一个长达3米的武器舱，可携带227千克的炸弹，包括GBU-38型制导炸弹制导组件和激光制导组件。另外，它还可以将武器舱拆掉，安装一个半埋式广域监视吊舱。在执行非隐身任务时，"复仇者"可在无人机的机身和机翼下挂装武器和其他任务载荷，包括附加油箱。

俄罗斯"鳐鱼"无人机

"鳐鱼"（Skat）无人机是俄罗斯米格航空器集团研制的隐身无人攻击机。早在2008年，米格就在莫斯科航展中公布了"鳐鱼"无人机的消息。不过，由于俄罗斯政府拨付的资金不足且迟迟没有到位，截至2019年初，"鳐鱼"无人机仍然没有开始进行飞行试验。

"鳐鱼"无人机采用"无尾飞翼"布局，十分强调隐身性能，其机翼前、后缘和机身边缘采用平行设计，将高强度雷达反射波集中到与机身前、后缘垂直的四个方向上；进气道位于机身上方接近机头部位，采用单进气口"叉式"进气，两个分叉的进气道由一个垂直隔膜分开，以防止入射雷达波直接照射发动机风扇的迎风面后形成强反射源；另外，机腹武器舱门和机身所有口盖边缘也被设计成锯齿状。"鳐鱼"无人机拥有2个内置武器弹舱，能够携带像Kh-31反舰导弹（弹体长度达4.7米）这样的大型精确打击武器，以及KAB-500精确制导炸弹和Kh-31P反辐射导弹等武器。

· "鳐鱼" 无人机侧面特写 ·

· "鳐鱼" 无人机三视图 ·

· "鳐鱼" 无人机的验证机 ·

CHAPTER 07 无人机

英国"雷神"无人机

"雷神"（Taranis）无人机是英国宇航系统公司研制的无人战斗机。2007年11月20日，英国宇航系统公司在兰开夏郡的工厂内举行了机体加工启动仪式。2010年7月12日，"雷神"无人机进行了公开展示。2013年8月10日，"雷神"无人机首次试飞成功。

"雷神"无人机采用了大后掠前缘的翼身融合体布局，机身和机翼的后缘分别对应平行于前缘，可以有效地提供升力，实现更大的续航能力，从而确保拥有跨大洲攻击的威力。该机大量应用了低可侦测性复合材料，且制造精度非常高。发动机进气道的后部管道采用了先进的纤维铺设技术，可有效躲避雷达的探测。由于计划的保密性，目前仅知晓"雷神"无人机可以使用4枚"地狱火"空对地导弹、2枚"铺路"激光制导炸弹和2枚900千克炸弹的武器配置。

•"雷神"无人机在高空飞行•

•停放在机场上的"雷神"无人机•

展览中的"雷神"无人机

法国"神经元"无人机

"神经元"(Neuron)无人机是由法国达索航空公司主导的隐身无人战斗机项目,另有多个欧洲国家参与研发计划,包括意大利、瑞典、瑞士、西班牙和希腊等。2006年2月,"神经元"项目正式启动,法国国防部军械装备局代表所有参与国负责项目管理,达索航空公司作为主承包商负责项目的整体开发。2012年11月,"神经元"无人机在法国伊斯特尔空军基地试飞成功,法国国防部称其开创了新一代战斗机的纪元。

"神经元"无人机可以在不接受任何指令的情况下独立完成飞行,并在复杂飞行环境中进行自我校正,此外它在战区的飞行速度超过现有一切侦察机。"神经元"无人机能在其他无人侦察机的配合下,反复在敌方核生化制造和储存地区进行巡逻、侦察和监视,一旦发现目标便可根据指令摧毁这些目标。该机也可在前方空中控制员的指挥下,与地面力量密切配合,执行由武装直升机和攻击机完成的近距空中支援任务。

• "神经元"无人机在高空飞行 •

• "神经元"无人机(左)、"阵风"战斗机(下)和"猎鹰"7X运输机(上) •

■ "神经元"原型机正面视角

德国 / 西班牙 "梭鱼" 无人机

"梭鱼"（Barracuda）无人机是欧洲宇航防务集团研制的一款无人战斗机，主要用户为德国空军和西班牙空军。该项目于 2002 年启动，早期研发经费主要来自欧洲宇航防务集团的自筹资金。2006 年 4 月 2 日，"梭鱼"无人机首次试飞成功。

与欧洲其他无人机相比，"梭鱼"无人机具有出色的气动布局和外形设计，该机采用 V 型尾翼，发动机进气道位于机背。"梭鱼"无人机几乎所有的边缘和折角都沿一个方向设计，这样可以最大限度地降低机身的雷达反射，从而降低无人机被雷达发现的概率。"梭鱼"无人机的这种气动外形先后在法国、瑞典、德国进行了多次风洞测试，结果显示其飞行性能完全能够满足设计需要。"梭鱼"无人机的机载电子设备系统都采用模块化设计，可以根据任务需要将任务模块组合到机身上。该机的飞行控制系统、目标电子设备、导航系统都采用了双冗余度设计。

·"梭鱼"无人机在低空飞行·

·"梭鱼"无人机起飞·

■德国空军人员正在检修"梭鱼"无人机

奥地利 S-100 无人机

S-100 无人机是奥地利西贝尔公司研制的一款无人直升机，主要用户为阿联酋武装部队和德国海军。该机可以应用到多个领域，包括民用和军用，军用方面主要用于战术侦察监视、炮火支援、海上监视和两栖支援等。2012 年，西贝尔公司完成了 S-100 无人机的首次飞行。

S-100 无人机配备了西贝尔公司专门研发的重油发动机，有效降低了战场后勤保障成本。该机可以垂直起飞和降落，而不需要发射和回收设备，在战术环境中能达到高性能和易操控性的平衡。操作员一般采用两种模式控制 S-100 无人机的飞行：一种是通过简单的指向和点击用户图形界面设定飞行程序自动飞行；另一种是手动操控飞行。S-100 无人机没有提供固定的有效载荷，主要有 2 个有效载荷舱，可根据客户的需求综合配置多种有效载荷。

· 黑色涂装的 S-100 无人机 ·

· S-100 无人机在低空飞行 ·

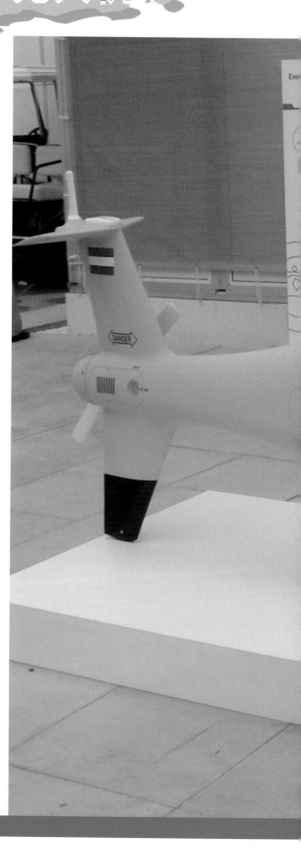

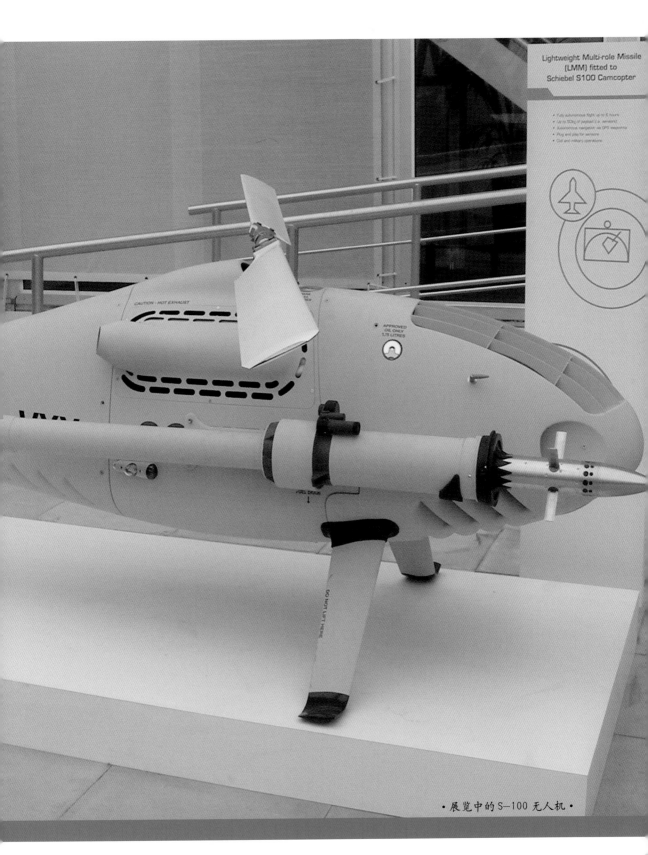

·展览中的S-100无人机·

参考文献

[1]《兵典丛书》编写组. 战机——云霄千里的急速猎鹰[M]. 哈尔滨：哈尔滨出版社，2011.

[2] [英]克里斯·查恩特. 轰炸机[M]. 北京：国际文化出版公司，2003.

[3] 军情视点. 全球战机图鉴大全[M]. 北京：化学工业出版社，2016.

[4] [英]艾登. 现代世界各国主力战机[M]. 北京：中国市场出版社，2014.

[5] 李大光. 世界著名战机[M]. 西安：陕西人民出版社，2011.